## Márcia Fernandes
# XÔ, ENCOSTO!

Márcia Fernandes

# XÔ, ENCOSTO!

Como deixar sua casa protegida,
sua aura limpa, conquistar amor e sucesso
e se livrar de pessoas tóxicas (sem mimimi)

principium

Copyright © 2018 by Editora Globo S.A
Copyright do texto © 2018 by Márcia Fernandes

Todos os direitos reservados. Nenhuma parte desta edição pode ser utilizada ou reproduzida — em qualquer meio ou forma, seja mecânico ou eletrônico, fotocópia, gravação etc. — nem apropriada ou estocada em sistema de banco de dados sem a expressa autorização da editora.

Texto fixado conforme as regras do Acordo Ortográfico
da Língua Portuguesa (Decreto Legislativo no 54, de 1995).

*Editor responsável:* Guilherme Samora
*Editora assistente:* Tamires Cianci von Atzingen
*Preparação:* Ligia Alves
*Revisão:* Antonio Castro e Julia Barreto
*Design de capa e projeto gráfico:* Guilherme Francini
*Diagramação:* Heloisa Campos e Douglas K. Watanabe
*Ilustrações:* pking 4th/Thinkstock
*Fotos de capa e de miolo:* Cauê Moreno
*Beleza:* Andrea Cassolari

1ª edição, abril de 2018
5ª reimpressão, outubro de 2022

Dados Internacionais de Catalogação na Publicação (CIP)
(Câmara Brasileira do Livro, SP, Brasil)

---

Fernandes, Márcia
   Xô, encosto! : como deixar sua casa protegida, sua aura limpa, conquistar amor e sucesso e se livrar de pessoas tóxicas (sem mimimi) / Márcia Fernandes. -- 1. ed. -- São Paulo : Editora Globo, 2018.

   ISBN 978-85-250-6607-7

   1. Conduta de vida 2. Espiritualidade 3. Exercícios espirituais 4. Fé 5. Mente e corpo 6. Prosperidade 7. Vida espiritual I. Título.

18-14900                                                               CDD-133

---

Direitos de edição em língua portuguesa para o Brasil
adquiridos por Editora Globo S.A.
Rua Marquês de Pombal, 25
CEP 20230-240 – Rio de Janeiro – RJ – Brasil
www.globolivros.com.br

Dedico este livro às pessoas que entenderam que são a luz e que não precisam buscá-la fora de si. E também às pessoas que acreditam no invisível.

Antes de fazer qualquer uso de erva, planta, outros recursos para banho ou produto (atenção às informações do rótulo), certifique-se de que não é alérgico a nenhum componente citado. Na dúvida, sempre busque orientação médica. Este produto e/ou procedimento tem fundamento somente espiritual, portanto não substitui consultas de ordem médica, psicológica e psiquiátrica.

# SUMÁRIO

Prefácio .................................................................................... 14

## XÔ, PESSOAS TÓXICAS! XÔ, INVEJA!

### Pessoas tóxicas

O que são pessoas tóxicas ou vampiros energéticos? ..................... 19
Vampiros energéticos e pessoas tóxicas:
os principais tipos, como identificar e combater .......................... 21
Como se livrar dos vampiros energéticos? ................................... 23
Orações poderosas e dicas preciosas para afastar
aquele boy lixo ........................................................................ 23
4 dicas infalíveis de limpeza energética e proteção espiritual
no trabalho. Xô, gente falsa! .................................................... 25

### Inveja

A inveja pode te destruir. Mas como evitar os efeitos dela? ........... 26
Dicas infalíveis para se defender da inveja .................................. 27
10 sinais para você reconhecer uma pessoa invejosa .................... 28
Você está invejando alguém? .................................................... 29
Simpatia para afastar males e inimigos ...................................... 29
Simpatia para se livrar da vizinha faladeira ................................. 30
Ritual para transmutar a inveja de um irmão ou irmã .................. 30
Ritual para se livrar de vizinhos falsos ........................................ 31
Ritual para anular o negativismo ou a antipatia de alguém que
não tem afinidade conosco ....................................................... 32
Banho para espantar a inveja .................................................... 32

## XÔ, ENCOSTO!

Sinais de defuntos a seu lado — e como colocá-los para correr! .......... 37
Como se livrar dos encostos? ................................................................. 39
13 dicas para não atrair espíritos obsessivos ........................................ 40
Quebranto e espiritualidade .................................................................. 41
Como combater essa energia tão negativa? ......................................... 42
Ritual para tirar mau-olhado de animais .............................................. 44
10 sinais de esgotamento emocional .................................................... 45
Simpatia para tirar o desânimo físico ou encostos ............................... 46
Reclamar altera negativamente nosso cérebro .................................... 47
Dicas para combater o estresse ............................................................ 48
Salada energética natural ..................................................................... 49
Dicas astrais para se tornar uma pessoa zen ....................................... 49
Ritual para combater a depressão, elevar a
autoestima e desatar os nós da vida .................................................... 51
Perfume astral ....................................................................................... 51
Simpatia para desatar os nós da vida ................................................... 52
Conheça os principais sintomas de um ataque energético ................. 53
Unguento xô, energias negativas! ........................................................ 54
Como fazer um autobenzimento? ........................................................ 55
Gatos: seres místicos e nossos protetores espirituais ......................... 57
A pureza de nossa mente: dicas para conquistá-la .............................. 60
5 dicas para sua intuição funcionar bem diariamente ........................ 61
Hora da Misericórdia ............................................................................ 62
10 dicas para sair da solidão ................................................................. 63
Conselhos para seu reabastecimento energético ................................ 64
Chá da felicidade ................................................................................... 66
Teste para saber se você tem o dom da cura ....................................... 66
4 descarregos poderosos contra energias negativas ........................... 68
Banho energético para afastar encostos .............................................. 71
Banhos de descarrego para crianças .................................................... 72

Banho de limpeza energética ................................................................. 73
Banho de descarrego energético por signo ............................................ 74
Banhos para cada dia da semana ........................................................... 75
Banho para elevar a autoestima ............................................................. 76
Banho para transmutar a tristeza e a inveja .......................................... 77
Banho especial para você se conectar com
seu lado espiritual .................................................................................. 77
Banho para aliviar sua mente e seus medos ......................................... 78

## PARA UMA CASA PROTEGIDA

Teste rápido para saber se sua casa tem encosto ................................. 83
A energia de sua casa: desgrude encostos dos
azulejos e batentes! ................................................................................ 83
Dicas para proteger o ambiente ............................................................. 85
7 plantas que afastam maus espíritos de sua casa ............................... 87
A decoração e a limpeza ajudam a mandar embora
de nossa casa as energias negativas ...................................................... 89
Por que muitos desencarnados voltam para casa? ............................... 92
A magia da vassoura ............................................................................... 93
A casa ajuda sua vida a fluir bem .......................................................... 96
5 dicas de cromoterapia para seu dia a dia ........................................... 97
Simpatia xamânica para limpeza energética
de sua casa ou empresa .......................................................................... 98

## VEM, SUCESSO! VEM, DINHEIRO!

Você é próspero? .................................................................................... 103
Para conquistar uma vida mais próspera ............................................ 104
Ritual da cebola para emprego ............................................................. 105

Como vencer na vida .......................................................................... 106
Muito dourado! Dicas de prosperidade para seu negócio
ou ambiente de trabalho .................................................................... 107
Simpatia para atrair clientes ............................................................. 109
Dicas astrais para atrair um novo emprego ..................................... 109
Ritual para entrada de dinheiro ........................................................110
Pó do dinheiro ....................................................................................111
Banho de alecrim com canela: alegria e dinheiro ............................ 112
Banho de sol para limpeza energética e prosperidade .....................113

## VEM, AMOR!

7 dicas para você atrair o verdadeiro amor para sua vida.....................117
Dicas infalíveis para o primeiro encontro.............................................118
Dicas de presentes para agradar seu par
(de acordo com o signo dele) ............................................................ 120
Banho contra a inveja antes do casamento.......................................... 122
Banho de carqueja: adeus, passado; seja bem-vindo,
tempo presente! .................................................................................. 123
Banho do esquecimento (para esquecer o ex) ..................................... 124

## A LEI DA ATRAÇÃO

7 dicas para usar a Lei da Atração a seu favor..................................... 129

## O PODER DO SAL GROSSO

10 coisas poderosas para fazer com o sal grosso .................................. 135

**DICAS RÁPIDAS:**
**BOA ENERGIA E MAGIA SEM MIMIMI!** ............................................. 139

**A ALQUIMIA DAS PLANTAS EM SUA VIDA** ........................................ 145

**PEQUENO GLOSSÁRIO DO ENCOSTO** .................................................151

**SABEDORIA DA MÁRCIA** ................................................................. 157

# PREFÁCIO

A vida é um mistério. Muito mais do que podemos imaginar acontece entre este mundo e outros. Energias (boas e ruins), espíritos, palavras, pensamentos... tudo isso tem influência em nossa rotina, em nosso dia a dia.

A gente precisa se cuidar: a cada dez pessoas que morrem, oito não vão embora. Elas relutam e querem ficar onde moraram, onde viveram, comendo, bebendo, fazendo sexo, enfim, tudo o que faziam quando encarnadas. Como não existe cadeia no céu, não existe prisão no universo, você está onde sua mente quer estar. Essas pessoas ficam vagando pela crosta da Terra e pelo umbral e elas precisam, para ficar aqui, de ectoplasma, senão ficam sem forças. Nós, vivos, temos o ectoplasma, que vaza principalmente pelo plexo solar, o umbigo. E os encostos, para se alimentar, literalmente encostam na gente, em nossa nuca, no meio das costas, e ficam sugando nosso ectoplasma. Insônia, queda de cabelo e tontura, zumbido no ouvido, dores nas costas e nas pernas, você acorda exaurido, o dinheiro não rende, fica pela metade, o emprego não decola, as pessoas não te enxergam... Por quê? Porque você está com 30% a menos de tônus vital.

Hoje, nós estamos em um planeta com MUITO defunto. A gente esbarra neles. Quem tem vidência entende do que estou falando. E quem não é vidente sente-se mal de repente: durante o dia, começa a suar, fica com a mão gelada, bumbum e pés gelados... Isso é um sinal evidente de que estão tomando seu ectoplasma de canudinho. E como podemos impedir isso? É o que vou explicar neste livro.

E, olha, não adianta ficar só culpando encostos por tudo. Sabe aquela pessoa que sempre reclama que tudo dá errado, que as coisas não funcionam, que não acha um amor, que nunca tem um emprego legal? Baixa vibração, energia ruim e até encostos podem estar por ali. E existe tanta coisa bacana para fazer e mudar esse cenário! Rituais, banhos, dicas, benzeduras, simpatias, orações, meditação...

As pessoas que têm fé, e pode ser em Buda, em Jesus, em Maomé, em santo, em anjo, não importa a religião, têm menos chances de sofrer ataques espirituais, por isso, reze a seu anjo guardião, ore, vigie e viva sua vida com alegria e plenitude.

Não se esqueça: Deus colocou cada pessoa neste mundo para fazer sua parte, para evoluir, para melhorar. Temos propósitos na criação do amor, da fé, da generosidade, na comunhão com nossos irmãos e no compromisso com o crescimento evolutivo de nossa alma. Quando tudo vai bem, está tudo bem. Mas, quando tudo vai mal, parece que nossa fé enfraquece um pouco. Só que é nesse momento que precisamos ganhar um voto de confiança de nós mesmos: temos que acreditar que somos capazes. Vamos orar, nos conectar com Deus; vamos perdoar; vamos ser otimistas e gratos. E entender que tropeçar no meio do caminho ou falhar não é problema: levanta e bola para a frente! Pare de se lamentar e de se achar uma vítima do mundo. Não adianta nada!

Eu fiz este livro para você, que quer dar um chacoalhão em sua vida e não tem tempo para mimimi. Reuni um monte de dicas práticas para você se proteger, cuidar da energia de sua casa, para atrair sucesso e amor, para afastar encostos (mortos e vivos!) e energias negativas! Tem até uma receita de saladinha energética para dar aquele ânimo na vida.

Conhecendo bem o mundo em que vivemos, vou começar logo com um tema importantíssimo: as pessoas tóxicas, invejosas. Os vampiros energéticos.

Boa leitura, muita luz e mãos à obra. Quem fica parado é poste. Vamos mudar o que podemos e enfrentar os desafios da vida. Sem moleza, gatos e gatas! ☘

# XÔ, PESSOAS TÓXICAS! XÔ, INVEJA!

## PESSOAS TÓXICAS

**O que são pessoas tóxicas ou vampiros energéticos?**

Vamos fazer um teste rápido? Responda às perguntas abaixo:

- Você já parou para pensar por que, em certos lugares, você se sente desanimado, cansado e insatisfeito?
- Já percebeu que, quando está ao lado de determinadas pessoas, suas costas doem?
- Você às vezes se sente fraco, chegando a ficar realmente doente e deprimido?
- De repente, um sono irresistível te domina e você não consegue se concentrar no trabalho, em um livro ou no que ouve de uma pessoa à sua frente?
- Sente que a dor de cabeça, a irritação e, em casos mais tensos, os enjoos te perseguem?
- Uma flor de sua casa já murchou após uma visita inesperada?
- Seu animal de estimação já adoeceu depois que um parente o acariciou?

Se você se identificou com alguns desses pontos, preste atenção ao que tenho a dizer. O tempo todo nós ouvimos falar em energia positiva, negativa, baixo-astral, olho gordo, mau-olhado e tantas outras expressões. A pergunta é: até que ponto podemos dominar tudo isso?

O ser vivo emana energias para o meio ambiente, envolvendo pessoas e animais. Nossos pensamentos, sentimentos, desejos e nossa condição física definem nosso padrão energético. Isso pode explicar a antipatia gratuita por determinadas pessoas, até mesmo desconhecidas. São casos de incompatibilidade energética — e esse encontro pode ser explosivo.

Os fenômenos são muitos, e cada pessoa tem sua própria história para contar. Pois saiba que essas manifestações negativas ganham respostas ao olhar do esoterismo. Tudo se explica com a influência dos vampiros de energia ou pessoas tóxicas. Ao contrário dos monstros noturnos da mitologia, de filmes e de livros, os vampiros de energia não sugam nosso sangue, mas se alimentam da força vital de cada ser vivo que encontram.

Os vampiros de energia fazem parte de nosso convívio. Pode ser um colega de trabalho, nosso chefe, um vizinho ou até mesmo alguém da família. Essas pessoas muitas vezes não agem conscientemente. O fato é que elas precisam sugar a alegria, a paz, a vitalidade de alguém para se manter em um certo grau de vibração — em geral, muito baixo.

É importante lembrar que o vampirismo só acontece se as duas pessoas (vampiro e vampirizado) estiverem na mesma sintonia; só assim uma conseguirá roubar a energia vital da outra.

Então, aprenda a elevar sua vibração para não ser a próxima vítima do vampirismo espiritual. Aliás, fique atento: você pode estar sendo vampiro de alguém.

Dá para detectar os vampiros aduladores, críticos, lamentosos, esses que ficam sugando nossas energias? Por onde eles fazem isso?

Sim, dá para detectar. Eles sugam nossas energias pelo plexo solar.

Vampirizar significa sugar a energia de alguém. Infelizmente, muitas mães sugam a energia dos filhos. Esse é um dos piores tipos de vampirismo, pois a mãe quer projetar a vida dela no filho. Ou seja, ela faz mal sem saber.

Quando vai ao hospital, por exemplo, sem querer ou não, você é sugado. Como há pessoas doentes ali, a energia de dor é bastante intensa, por isso é bom se cuidar.

Outra forma de vampirismo muito séria acontece quando uma mulher está apaixonada por um homem que não lhe dá bola. Essa mulher se lembra do homem o dia todo, pensa nele obsessivamente, então com certeza as energias dele vão sendo sugadas. Ao final do dia, ele está totalmente indisposto, sem energia. A obsessão do amor é muito perigosa.

A cobrança excessiva dos patrões em relação aos empregados também é uma forma de vampirismo. Os funcionários ficam com dores nas costas, na coluna vertebral, pois estão sendo sugados devido às muitas exigências dos chefes (vampiros da alma).

Uma casa que tem pessoas vampirizadas é uma casa fatigada. Você está mal? Está sendo sugado? Seu negócio está ruim? Sua vida não está boa? Estão te humilhando? Anote estas dicas:

- Tenha em casa um pé de sabugueiro ou uma cerejeira (árvore muito querida no Japão). Essas plantas têm o poder de minar as energias eletromagnéticas negativas expostas no ambiente.
- Feche o umbigo diariamente (coloque a vedação pela manhã e tire à noite), para se proteger contra as energias eletromagnéticas negativas trazidas pelas outras pessoas. Pode ser com um esparadrapo.
- Ter um gato como bicho de estimação é ótimo. Esse animal tira todas as energias eletromagnéticas negativas do ambiente. Ele literalmente faz uma limpeza energética em sua casa.

**Vampiros energéticos e pessoas tóxicas:**
**os principais tipos, como identificar e combater**

**Vampiros cobradores:** exigem demais de tudo e de todos e cumprem pouco.
**Vampiros críticos:** são indivíduos altamente negativos, destrutivos.

**Vampiros aduladores:** os famosos "puxa-sacos".

**Vampiros reclamões:** aqueles que reclamam da vida, do trânsito, são contra tudo e todos e nunca têm nada de bom para falar.

**Vampiros inquiridores:** falam como uma metralhadora, disparando perguntas sobre tudo. Nem chegam a dar tempo para a vítima responder, pois exigem atenção exclusiva.

**Vampiros lamurientos:** reclamam do emprego, da família, da política. São verdadeiros lamentadores profissionais e fazem de tudo para despertar pena em suas vítimas. Vivem chorando suas desgraças.

**Vampiros-grude:** são os famosos "pegajosos", que colam no pé da vítima. Sem limites, ficam sempre "alisando" na intenção de conseguir alguma coisa.

**Vampiros grilos falantes:** falam sem parar e sem dar espaço para os outros. Nunca ouvem ninguém.

**Vampiros hipocondríacos:** adoram colecionar bulas de remédios! A cada dia aparecem com uma doença nova, e o objetivo é despertar preocupação nas vítimas.

**Vampiros zé-briguinha:** são os encrenqueiros, que resolvem tudo na base do tapa. Para eles, o mundo é um campo de batalha.

**Vampiros egocêntricos:** para algumas pessoas, o mundo gira em torno do próprio umbigo. Os vampiros egocêntricos só têm olhos para si mesmos e não estão nem aí para os outros.

**Vampiros nariz em pé:** se acham superiores em tudo, sabem mais que qualquer um e tentam controlar o mundo.

**Vampiros invejosos:** eles querem tudo o que você tem ou querem que você perca o que conquistou. A inveja é terrível, meu amigo! Vamos falar mais sobre ela nos próximos capítulos.

**Vampiros fifis**: roubam suas energias incansavelmente! Vivem para falar da vida dos outros e nunca olham para o próprio rabo.

## Como se livrar dos vampiros energéticos?

Quando perceber que alguém está sugando suas energias, tente se livrar dessa pessoa imediatamente. Nem sempre é fácil, mas dê uns cortes na amizade, não dê força para aquilo que elas dizem, encerre o assunto, mude os ares da conversa, não entre na mesma sintonia, na vibração dos vampiros. Esse é o segredo. Evite o contato.

Outra dica importante é mudar sua forma de pensar. Esteja sempre com seu padrão vibratório elevado, pensando no bem. Se você estiver de bem consigo mesmo, vai atrair boas afinidades. Então, equilibre-se emocionalmente e não deixe que as vibrações negativas influenciem seus sentimentos.

## Dicas espirituais:

"Orai e vigiai" diariamente. Aposte nas orações, nas preces diárias, para afastar os males de sua vida e blindar seu espírito com a proteção Divina.

Não deixe de preparar um banho de sal grosso pelo menos duas vezes na semana (segunda e sexta-feira, preferencialmente). Essa prática vai desmagnetizar as energias ruins acumuladas na semana, purificar sua aura dos miasmas e larvas espirituais, eliminando toda a negatividade proveniente dos vampiros energéticos. Para isso, banhe-se do pescoço para baixo, após seu banho higiênico, com 2 colheres (sopa) de sal grosso em 2 litros de água morna.

## Orações poderosas e dicas preciosas para afastar aquele boy lixo

Muitos casais vivem como cão e gato. Para quem olha de fora, parece emocionante, pois o romance está sempre em ponto de fervura. Mas, na verdade, a convivência conflituosa faz muito mal ao espírito do ser humano.

Um casal em guerra deixa a aura aberta e o padrão vibratório lá embaixo. Resultado: vira alvo fácil para encostos e magias. Existe ainda o risco real de as discussões cada vez mais acaloradas resultarem em agressão física e até em crime passional. Ou seja, as duas partes ficam no limite entre a emoção e a tragédia, entre o prazer da vida e uma possível morte causadora de carma.

Caso você esteja vivendo um relacionamento assim e tenha decidido acabar com essa obsessão desgastante e perigosa, comece orando todos os dias o Salmo 39 — ele traz mensagens poderosas de proteção e livramento. Pare de pensar "somos um só e devemos sofrer juntos para sempre". Nem mesmo o casal mais unido e pacífico se funde numa única pessoa. Somos seres individuais, cada um com sua missão particular na Terra.

Faça o ritual de despolarização para distanciar sua alma machucada da presença negativa da pessoa que a faz sofrer. Em uma sexta-feira, acenda uma vela branca para seu Anjo da Guarda. Coloque um copo com água do lado direito e ore com fé o pai-nosso.

**Para o banho, junte em 2 litros de água:**
- 36 pétalas e espinhos de rosas brancas,
- 36 pétalas e espinhos de rosas amarelas,
- 36 pétalas e espinhos de rosas vermelhas
- 36 cravos-da-índia.

Leve ao fogo e, quando a água começar a ferver, aguarde 3 minutos. Desligue, deixe amornar e despeje o líquido da cabeça para baixo após seu banho higiênico (cuidado para não se ferir com os espinhos). Não enxágue; apenas enxugue a pele com delicadeza. Amarre um lenço na cabeça e vá dormir. Na manhã seguinte, jogue as pétalas, os espinhos e os cravos-da-índia em um jardim.

Nunca deixe de romper um namoro ou casamento abusivo por medo da solidão. Melhor ficar sozinho, em paz, do que padecer num inferno a dois. Pense nisso com carinho e nunca se esqueça da pessoa a quem você deve mais amar e cuidar: você mesmo!

## 4 dicas infalíveis de limpeza energética e proteção espiritual no trabalho. Xô, gente falsa!

Você anda zicado na vida profissional? Quando chega ao local de trabalho, tem mal-estar, enjoo, fraqueza e dor de cabeça, entre outros sintomas? As energias negativas fizeram mais uma vítima! Infelizmente, no ambiente de trabalho e até mesmo na rua, no metrô, os maus fluidos estão soltos. Sem falar na inveja, no sentimento de frustração e tristeza das pessoas, no pessimismo, nos colegas frente fria…

O que fazer para mudar isso? Leia estas valiosas dicas espirituais para se sentir de bem com a vida!

### 1. Feche sua aura urgentemente e se livre das más energias

Às segundas, quartas e sextas-feiras, durante o banho da manhã, fique debaixo do chuveiro e deixe a água escorrer do pescoço até o cóccix por 2 minutos.

### 2. Elimine os maus fluidos em sua mesa de trabalho

Na mesa de trabalho ou no lugar onde você fica a maior parte do tempo, passe todos os dias um pano umedecido com chá de alecrim, guiné e arruda. Com isso, os maus fluidos serão cortados e você se sentirá mais leve e tranquilo. Acredite!

### 3. O que fazer com o chefe enérgico e aproveitador?

Às segundas-feiras, pegue uma vela branca, escreva o nome dele de baixo para cima, acenda com um fósforo e unte com mel. Mentalize que seu poder pessoal vai domar o chefe mandão.

**4. Você se sente inseguro para pedir um aumento ou uma promoção?**

Deixe disso! Multiplique sua chance de reconhecimento pelo que faz. Valorize sua competência profissional orando, logo cedo, o Salmo 119. Prepare também um banho especial em uma terça-feira: corte uma espada-de-são-jorge em 9 pedaços. Em seguida, junte os pedaços a 2 litros de água morna e bata tudo no liquidificador. Coe e se banhe do pescoço para baixo após seu banho higiênico. Enquanto se banha, vá mentalizando, positivamente, o cargo que deseja ocupar ou o dinheiro extra que vai entrar em seu bolso. Enxugue-se sem enxaguar o corpo e durma.

## INVEJA

**A inveja pode te destruir.**
**Mas como evitar os efeitos dela?**

Inveja, invejinha, invejona. Não importa o tamanho, esse sentimento é sempre negativo: corrói a alma e adoece o corpo. Prejudica não apenas quem é alvo dele, mas também o invejoso.

Hoje, o principal território da inveja é a internet: fotos de viagens, momentos românticos, compras, jantares, corpos perfeitos... Essa ostentação exagerada nas redes sociais desperta o olho gordo de quem se incomoda com o sucesso alheio e quer ter tudo o que o outro tem — ou pior: deseja que a pessoa perca aquilo que conquistou. Para não ser vítima da inveja, tome cuidado com pessoas próximas. Sim, os principais invejosos podem estar a seu redor: parentes, amigos, colegas de trabalho. Afinal, são eles que assistem à sua evolução pessoal e material.

Disse o famoso e espirituoso escritor norte-americano Gore Vidal: "Cada vez que um amigo meu faz sucesso, eu morro um pouco". Mesmo quem amamos pode transmitir inveja. Eu sei que pode doer em seu coração, mas se afaste de seres que, em vez de ficarem felizes com você e por você, querem que você seja menos feliz do que eles.

E não me venha com essa de "inveja branca". Isso não existe! Toda forma de inveja bloqueia a prosperidade e causa danos espirituais. Jamais ambicione ter a vida de alguém. Invista sua energia nos próprios objetivos e peça ajuda aos deuses para realizá-los. Não se deixe dominar pela inveja nem se revolte por ainda não possuir tudo o que sonha. O invejoso fica feio, envelhece mais rápido e afasta a possibilidade de uma vida plena.

Use o poder ilimitado da mente e sua força espiritual para lutar contra o surgimento da inveja — e construa sua felicidade sem se comparar a todo momento com os outros. Tenha certeza: o universo vai te dar tudo o que você deseja, desde que faça por merecê-lo.

## Dicas infalíveis para se defender da inveja

- Ore o Salmo 41 para neutralizar as energias negativas dos invejosos. O Salmo 7 também é imbatível!
- Peça para sua mãe (ou madrinha) orar a salve-rainha para expulsar a inveja.
- Use um tercinho no lado esquerdo do corpo (no pulso, na bolsa ou no bolso). Se ele quebrar, jogue fora e coloque outro terço no lugar.
- Tenha sempre na cozinha de casa ou na mesa de trabalho um pé de pimenta.
- Mantenha na entrada de sua casa um vaso de espada-de-são-jorge.
- Tome banho de sal grosso (do pescoço para baixo) no máximo duas vezes por semana.

## 10 sinais para você reconhecer uma pessoa invejosa

Existem sinais que indicam que uma pessoa invejosa está próxima. Então, fique atento:

**1.** O invejoso tem contato frequente com você. Ele telefona, manda e-mail, não sai de suas redes sociais, enfim, não desgruda.
**2.** A pessoa invejosa passa o tempo todo se comparando a você, ou seja, vive de comparações. Ele deseja ter o que você tem e, muitas vezes, compra objetos e coisas para dizer que tem e que são melhores que o seu.
**3.** A falsidade está presente todo o tempo. O invejoso vive de ilusão, mente, inventa histórias, faz de conta que te admira muito, tudo para concretizar suas intenções maldosas.
**4.** As fofocas também são regulares e frequentes. As pessoas invejosas não guardam segredos, gostam de criar saias justas, tudo isso de forma intencional.
**5.** O invejoso gosta de criticar, de se lamentar e quase sempre faz isso de forma sarcástica, fazendo brincadeiras de mau gosto.
**6.** Dificilmente uma pessoa invejosa vai elogiar algo que você fez. Afinal, ela quer sempre se sentir acima de você, de seus valores.
**7.** O invejoso se incomoda ao estar próximo de pessoas influentes, inteligentes, proativas, com semblante sereno. Por isso, tenta de toda maneira provocar situações desagradáveis. O objetivo é fazer com que a vítima perca o controle emocional.
**8.** O invejoso vive de forma limitada, se faz de vítima, se desvaloriza perante os outros, tudo para manter o foco em si mesmo e chamar a atenção.
**9.** Quem tem inveja tenta provocar cada vez mais inveja em outras pessoas, aumentando esse círculo vicioso de más vibrações energéticas.

**10.** Por fim, o invejoso tem dificuldade para se relacionar com as pessoas a seu redor. Vive trocando de amizades, busca novos alvos, já que ninguém é bom o suficiente para ele.

### Você está invejando alguém?
Ninguém aqui na Terra é santo! Todos estão sujeitos a sentir inveja. Inclusive você. Leia o Salmo 90 e peça aos deuses para livrá-lo desse mal.

Também tenho um ritual poderoso para casos como esse:

**INGREDIENTES**
- 2 litros de água filtrada ou mineral morna
- 1 ramo generoso de alecrim
- 7 ramos de arruda
- 3 punhados de sal grosso

**COMO FAZER**
Pela manhã, macere o alecrim na água e coe. Tome seu banho de higiene normalmente e, no fim, jogue essa água do pescoço para baixo. Após isso, esfregue levemente o ramo de alecrim atrás da nuca. Mentalize a paz que você deseja em seu coração.

### Simpatia para afastar males e inimigos

**INGREDIENTES**
- Giz branco
- Faca (aquela que você mais usa em casa)
- 1 moeda de R$ 0,50

**COMO FAZER**
Com o giz branco, risque 9 cruzes no chão. Pegue a faca e com ela risque as 9 cruzes. No centro, coloque a moeda de R$ 0,50, pedindo ao Astro Sol para aniquilar o mal que os inimigos lhe desejarem. Diga: "Que meus inimigos recebam em dobro o que desejarem" (repetir essas palavras 9 vezes). Com certeza, eles receberão essa energia.

**QUANDO FAZER**
No primeiro dia da lua cheia, ao meio-dia.

## Simpatia para se livrar da vizinha faladeira

**MATERIAL**
- Papel vermelho
- Lápis
- Tesoura

**COMO FAZER**
Pegue o papel vermelho. Em seguida, desenhe e recorte uma língua bem comprida. Na sequência, com o lápis, escreva 9 vezes o nome da vizinha na língua de papel. Enterre esse papel em um jardim bem florido ou em um mato distante de sua casa e aguarde ótimos resultados.

**QUANDO FAZER**
No segundo dia da lua minguante, às 9 horas.

## Ritual para transmutar a inveja de um irmão ou irmã

A inveja de um irmão ou irmã é algo bem mais comum do que se imagina e pode a-ca-bar com a nossa vida. Este ritual é infalível e muito fácil:

**INGREDIENTES**
- 1 galho de arruda
- 3 dentes de alho
- 1 guarda-chuva

**COMO FAZER**
Faça uma visita ao invejoso. Na entrada da casa, jogue a arruda e o alho. Dê um guarda-chuva de presente a ele/ela.

**QUANDO FAZER**
Em uma segunda-feira.

## Ritual para se livrar de vizinhos falsos

Você deseja se livrar dos vizinhos falsos? Então, faça este maravilhoso ritual!

**INGREDIENTES**
- 1 copo de água da chuva
- 36 cravos-da-índia

**COMO FAZER**
Pegue o copo com água da chuva. Coloque os 36 cravos-da-índia dentro. Segure-o com a mão direita. Ore 3 credos em cima dele. Jogue o conteúdo na porta da vizinha.

**QUANDO FAZER**
Em uma quarta-feira.

## Ritual para anular o negativismo ou a antipatia de alguém que não tem afinidade conosco

**1.** Com um giz, risque no chão uma estrela de seis pontas (estrela de Davi).
**2.** Coloque sobre ela um prato de louça ou de vidro.
**3.** Deposite dentro dele um papel com o nome do desafeto.
**4.** Cubra o papel com azeite virgem de oliva.
**5.** Acenda uma vela sete cores e a coloque sobre o papel.
**6.** Faça a seguinte evocação:

"Eu evoco Deus e seus Anjos da Justiça neste instante através desta vela e peço que sejam anulados todos os sentimentos negativos vibrados contra mim por esta pessoa, e os meus, vibrados por ela, pois só assim deixaremos de nos odiar. Mas, caso não seja possível, no momento, a nossa harmonização, então, que ela seja afastada de minha vida até que possamos coexistir em harmonia. Amém."

## Banho para espantar a inveja

Esse maravilhoso banho vai espantar a inveja que estiver sendo lançada sobre você. Livre-se dessa terrível energia, dos fluidos negativos emitidos pelas pessoas invejosas e conquiste a verdadeira paz de espírito. Atraia prosperidade, êxito e sucesso para a sua vida!

**INGREDIENTES**
- 2 litros de água
- Um punhado de alecrim

- Um punhado de levante
- 1 galho de guiné
- 1 espada-de-são-jorge
- Folhas de boldo
- Folhas de pitangueira

**COMO FAZER**
Macere bem todas as ervas. Quando a água ferver, desligue o fogo, espere um pouco e só então acrescente os ingredientes macerados. Deixe esfriar alguns minutos, coe e jogue do pescoço para baixo após seu banho higiênico. Não enxágue nem se enxugue. Durma com o banho. Jogue o que sobrou das ervas na natureza.

**QUANDO FAZER**
No primeiro dia de lua minguante.

# XÔ, ENCOSTO!

## Sinais de defuntos a seu lado — e como colocá-los para correr!

Os encostos são espíritos menos evoluídos, espíritos perturbadores. Eles não aceitam a evolução espiritual e nos acompanham por causa de nossas afinidades com eles. Mas os encostos somente farão parte de nossa vida se sentirmos os mesmos desejos que eles: raiva, ódio, rancor, mágoa, desejo de brigar, discutir, beber, usar drogas etc. Eles se aproximam quando se identificam com esses sentimentos e acabam influenciando nossas ideias e atitudes para o lado negativo da vida, pois são energias intrusas.

Você sabe o que fazer para descobrir quando esses espíritos estão presentes? Acontece alguma coisa diferente? É claro que sim. A vida muda completamente!

O que você sente quando está com encosto?

### Sensações estranhas
Elas sempre vão estar presentes: calafrios, bocejos, sonolência, maus pressentimentos, a impressão de ser perseguido por alguém que não sabemos quem é, arrepios constantes, tudo isso sem motivo visível.

### Insônia
Quando estamos com encosto, certamente temos problemas para dormir. A insônia é nossa companheira. Quando conseguimos dormir, podemos ter pesadelos. Resumindo: noites maldormidas e mau humor no dia seguinte!

### Sistema nervoso desequilibrado
Ficamos nervosos, irritados sem motivo aparente. Qualquer assunto cotidiano nos perturba profundamente, e, com isso,

desequilíbrios emocionais não faltam. Com o passar do tempo, brigas, desentendimentos, conflitos e discussões surgem, desestabilizando nossa vida pessoal, amorosa, financeira, profissional e social. Por serem espíritos menos evoluídos, encostos adoram desavenças e confusões.

### Percepções estranhas

Ao longo de nossa vida, podemos, sim, sentir a presença de encostos em nossa casa. Ouvimos vozes do nada, barulhos estranhos e até vemos vultos a nossa volta, mas não há ninguém lá. Tudo invisível.

### Sintomas desagradáveis

Sentimos dores de cabeça, dor no estômago, o corpo fica dolorido sem motivo aparente. Quando vamos ao médico, nada aparece nos exames. Isso significa que os encostos estão sugando nossas energias a ponto de ficarmos fracos, física e espiritualmente.

### Desequilíbrio familiar

As pessoas mais próximas de nós, em casa, na família, poderão sentir as mesmas coisas. Afinal, estamos com um padrão vibratório baixo e os encostos sabem disso. Eles se aproveitam da situação, fazendo toda a família ficar energeticamente desequilibrada.

### Mau cheiro

Esses espíritos menos evoluídos circundam muitos ambientes e sugam as mais variadas energias por onde passam (tanto de ambientes quanto de pessoas). Com isso, de tanto eles encostarem em nós, infelizmente, com o passar do tempo, podemos também começar a exalar um cheiro ruim. O mau cheiro da dimensão espiritual se transfere para o universo físico.

**HÁBITOS NOCIVOS**

Quando estamos com encostos, os hábitos nocivos se intensificam. Eles se aproveitam de nossas fraquezas, sugam nossas energias, além de potencializar algum vício que temos. Se temos o vício da bebida ou do cigarro, por exemplo, isso se torna gritante com a presença dos encostos em nossa vida.

## Como se livrar dos encostos?

É preciso ter fé em Deus, voltar seus pensamentos ao universo Divino, ao poder do bem, sintonizar-se com os espíritos de luz, fazer orações, ler diariamente os Salmos 23, 40, 91, 119. Ore o pai-nosso diariamente. Depois, você precisa focar em atividades positivas para sua vida e mudar seu padrão vibratório, sintonizando e emanando energias do bem.

Lembre-se sempre: semelhante atrai semelhante, portanto se livre dos maus pensamentos e sentimentos e seja mais feliz com sua própria essência!

**O que fazer?**
- Não use as cores marrom e vermelho por pelo menos uns 30 dias, pois elas atraem a presença de encostos.
- Quando tiver um pensamento triste, coloque imediatamente a língua no céu da boca e conte até 11. Elimine esses pensamentos para não atrair os mortos.
- Os encostos e as almas das trevas gostam de ficar dentro dos buracos sujos da casa, dentro dos ralos. Para combater essas terríveis energias, basta fazer este preparo: água, 1 colher (sopa) de sal grosso (ou sal azul) e 1 colher (sopa) de bicarbonato de sódio. Misture tudo muito bem e jogue em todos os ralos e buracos da casa (inclusive na cozinha) pelo menos uma vez na

semana (segundas-feiras). Deixe por meia hora e depois dê a descarga nos banheiros.
- Não tenha em casa fotos de pessoas já desencarnadas. Doe o colchão delas, os travesseiros, as roupas.
- Faça este ritual para fechar a cama e evitar a comunicação com os encostos e com todo e qualquer espírito que não seja de luz no período noturno: cubra todo o estrado da cama com lona preta. Em seguida, coloque duas espadas-de-são-jorge na altura da cabeça e três galhos de alecrim de cada lado, na altura dos pés. Por cima, coloque o colchão. Quando as ervas ficarem amarelas, jogue-as no lixo e as troque. Se mais de uma pessoa ocupar o colchão, faça o procedimento dos dois lados.

## 13 dicas para não atrair espíritos obsessivos

**1.** Ore diariamente sem medo de ser feliz, pelo menos uma prece de agradecimento ao universo por mais um dia e um pai-nosso.
**2.** Livre-se de pessoas encrenqueiras, pois os espíritos obsessores adoram estar em ambientes cheios de confusões, discussões, desentendimentos e conflitos.
**3.** Pare já de reclamar da vida! Invista mais na prática da gratidão, do amor, do carinho.
**4.** Pense positivo, emane luz para as pessoas, para o universo, ore para o planeta, compartilhe um pouco de sua energia de luz. (Sim, você tem bastante luz! Compartilhe com seus amiguinhos.)
**5.** Fique de bem com você, com a vida, seja uma pessoa alegre, otimista, pense no bem, pratique boas ações e seja mais feliz.
**6.** Invista em uma atividade prazerosa para sua vida, para sua alma, descanse sempre o corpo e a mente.

**7.** Ouça músicas bonitas para suavizar a alma, para espantar os males, e encante sua essência com boas energias.
**8.** Leia bons livros e busque se autoconhecer cada vez mais.
**9.** Sempre que possível, pratique a caridade e olhe também para as necessidades do próximo.
**10.** Tente perceber suas emoções e equilibre-as com boas energias e sentimentos.
**11.** Pratique o perdão em seu coração.
**12.** Ame, ame, ame, ame você, as pessoas, a vida.
**13.** Sorria, sorria e sorria sempre que sentir vontade!

## Quebranto e espiritualidade

Você sabe o que é quebranto? A maioria das pessoas já ouviu falar e infelizmente as crianças são as grandes vítimas dessa energia tão negativa. Os olhos são espelhos de nossa alma, concentrando muitas energias, portanto transmitem bastante magnetismo.

Saiba que todo olhar apresenta um poder extraordinário, que tanto pode curar como abençoar. Quando o olhar vem de uma pessoa com a alma impregnada de inveja, rancor, mágoa, raiva, ódio e outros pensamentos destrutivos, pode nos causar danos irreparáveis.

O quebranto é também conhecido como olho gordo, mau-olhado e existe mesmo! Muitos bebês e crianças são vítimas dessa terrível energia, e os sintomas são perceptíveis rapidamente: choro sem motivo aparente, insônia, inquietação e às vezes falta de apetite.

Na visão espiritual, as crianças são seres muito sensíveis, sendo comparadas a "esponjas" de energia: sugam tudo no ambiente onde estão. Por exemplo: se chegar em casa, inesperadamente, alguém muito carregado de energias ruins, a criança será a primeira pessoa a sentir os sintomas.

O adulto também é vítima de quebranto. Embora não sejamos tão sensíveis quanto as crianças, nós trabalhamos, vamos para lá e para cá, trocamos energias por onde passamos e tudo isso provoca um forte impacto em nosso campo astral e espiritual, sobrecarregando nossa aura e nos causando desequilíbrios energéticos.

Muitas perturbações podem surgir sem motivo aparente: cansaço, moleza, dor de cabeça, sensação de febre, insônia, sensação de corpo pesado, bocejos constantes, nervosismo exagerado, espirros, inquietação, sonolência durante o dia, desânimo, ideias ruins, angústia, discussões fúteis com parentes, pressão na nuca, olhos lacrimejando, entre muitas outras.

## Como combater essa energia tão negativa?

Devemos recorrer às benzeduras, usar amuletos, fazer sessões de orações, simpatias. Somente isso nos ajudará a eliminar todo o carrego de nosso corpo. Deixo aqui 4 dicas que são tiro e queda para combater o quebranto:

**1.** Oração de São Cipriano contra o quebranto
(Fazer o sinal da cruz.)
"Deus, atendei ao meu pedido, vinde em meu socorro.
Vinde ajudar-me. Confundidos, sejam envergonhados os que buscam a minha alma (ou o nome da pessoa).
(Fazer o sinal da cruz.)
Voltem atrás e sejam envergonhados os que me desejam o mal.
Voltem logo cheios de confusão os que me dizem: Bem, bem.
(Fazer o sinal da cruz.)
Regozijem-se e alegrem-se em Vós os que vos buscam, e os que amam vossa salvação, digam sempre: Engrandecido seja o Senhor.
(Fazer o sinal da cruz.)

Vós sois o meu favorecedor e o meu libertador, Senhor Deus, não Vos demoreis.

Glória ao Pai, ao Filho e ao Divino Espírito Santo.

Assim seja!"

## 2. Simpatia para tirar quebranto

**INGREDIENTES**
- 10 gotas de azeite de oliva
- 3 folhas de guiné
- 1 galho de arruda

**COMO FAZER**
Macere tudo muito bem. Em seguida, com a mão direita, sobre o coração da pessoa, vá passando esse unguento na cabeça, no tronco e nos membros dela, orando o credo.

**QUANDO FAZER**
Em uma quarta-feira, lua minguante, às 10 horas ou às 22 horas.

## 3. Alecrim e arruda

Banhos energéticos e de descarrego não são muito recomendáveis para as crianças. Então, prepare uma vassourinha com galhos de alecrim e coloque embaixo da cama do pequeno. Quando os galhos secarem, devolva-os à natureza e coloque galhos novos. Troque-os sempre que secarem. O alecrim é uma erva poderosíssima para afastar energias ruins dos ambientes. Outra sugestão é fazer um chá de alecrim e, após esfriar, limpar a casa toda com ele. Ou ainda colocar o chá depois de pronto em um borrifador e espalhar nos ambientes da casa.

Você também pode colocar um ramo de arruda em um saquinho branco e deixá-lo dentro do travesseiro da criança ou embaixo do colchão. Assim que o ramo secar, troque-o por outro e jogue o seco no lixo.

**4.** Para cortar o mau-olhado
Ore todos os dias os Salmos 23 e 91. Peça para sua mãe ou irmã mais velha cortar um galhinho da pimenteira e, com a ponta para baixo, fazer o sinal da cruz na sua cabeça, abdome e pés orando um pai-nosso, na frente e atrás de você. Jogue no lixo o galhinho carregado.

## Ritual para tirar mau-olhado de animais

Seu filho de quatro patas anda desanimado, triste, sem energia e com medo? Isso pode ser mau-olhado! Aprenda um maravilhoso ritual para eliminar essa terrível energia dos bichinhos.

### INGREDIENTES
- 1 espada-de-são-jorge sem raiz

### COMO FAZER
Pegue uma espada-de-são-jorge sem raiz e passe do rabo para a cabeça do animal nove vezes. Feito isso, jogue a planta na natureza.

### QUANDO FAZER
Sexta-feira.

## 10 sinais de esgotamento emocional

Será que você está estressado, esgotado emocionalmente?

Então, preste atenção a estes 10 sinais de esgotamento emocional. Confira se você reconhece ou não esses sinais e comece a atentar mais para a saúde de suas emoções.

**1.** Você já acorda cansado, com fadiga, mesmo tendo dormido as horas necessárias para seu descanso físico e mental.
**2.** No decorrer do dia, seu trabalho não rende, parece que você dá dois passos para a frente e volta três, pois lhe falta disposição, tomada de decisões mais apuradas, as ideias não surgem. O cansaço do dia domina seu corpo e sua alma.
**3.** Você não confia mais em sua memória, fica dependente da agenda e do celular para se lembrar dos compromissos e deveres do dia.
**4.** Não se interessa mais por sair nos fins de semana, curtir a alegria dos amigos, da família, tenta fugir da vida social, preferindo ficar no silêncio em casa e aproveitar qualquer tempo livre para descansar.
**5.** O sistema digestivo começa a indicar alguns sintomas desagradáveis: azia, dores de estômago, problemas intestinais, coisas que você não sentia antes. Você vai ao médico, tenta resolver o problema, mas, depois de um tempo, os sintomas voltam.
**6.** Você sente dores de cabeça com frequência. Apela para os remédios, mas sente que deve investigar o sintoma com mais cautela.
**7.** Sua sensibilidade fica bastante aguçada. Você se incomoda com tudo o que falam, fica frágil em relação às próprias emoções, chora sem motivo aparente e toca a vida do jeito que dá sem dar muita importância para os fatos diariamente, de forma mais consciente.

**8.** Boas leituras e aprender novos conhecimentos, nem pensar: você não consegue se concentrar, fica pensando em mil e uma coisas e não tem a atenção necessária.
**9.** Você fica mais vulnerável às influências negativas, ou seja, apresenta pensamentos e sentimentos ruins, pessimistas, em vez de apostar mais no entusiasmo pela vida e na alegria.
**10.** Você prefere não confrontar palpites com as pessoas a sua volta, ou seja, "o engolir sapos" toma conta de você, principalmente no ambiente de trabalho.

Se você tem observado a maioria desses sinais em seu dia a dia, cuidado, pense mais em sua saúde emocional! Leve a sério seus sintomas, busque orientação médica, psicológica e/ou terapêutica urgentemente. Não espere até sofrer futuras consequências físicas e, sobretudo, espirituais.

Pense em você com mais carinho, movimente-se, preocupe-se com seu corpo, sua alma e emoções, colocando-se sempre em primeiro lugar!

## Simpatia para tirar o desânimo físico ou encostos

Você se sente cansado do nada? Sem energia? Sem vontade de viver? Pode estar com encostos, melhor dizendo, energias negativas. Então, vamos aprender a fazer este banho para limpar e energizar seu corpo astral.

### INGREDIENTES
- 2 litros de água mineral
- 1 colher (sopa) de sal grosso
- Pétalas de uma rosa branca

**COMO FAZER**

Macere tudo muito bem dentro da água. Após o banho higiênico, jogue tudo do pescoço para baixo. O sal grosso vai tirar todo o mal-estar e a rosa branca vai energizar seu corpo astral.

**QUANDO FAZER**

Segundas-feiras.

## Reclamar altera negativamente nosso cérebro

Você sabia que reclamar altera negativamente nosso cérebro?

É isso mesmo! Já conversamos por aqui sobre vibrações energéticas negativas em nossa vida, e uma delas é o vício da reclamação, da queixa, da lamúria sem fundamento e sem autorreflexão.

Às vezes reclamamos de tudo e de todos e mal sabemos que essa energia não é nada boa. Quanto mais reclamamos, menos soluções visualizamos para nossos problemas ou qualquer que seja a situação presente no momento.

É a velha história: as palavras têm poder, minha gente! Quanto mais reclamamos, mais atraímos energias que não são nossas, mais atraímos péssimas vibrações para nós mesmos, além de atrair os famosos encostos para nossa caminhada.

Então, que tal mudar essa situação? Nós somos seres conscientes, Divinos, inteligentes, sábios, iluminados por este maravilhoso universo, por isso temos, sim, o poder de modificar tudo para melhor.

No momento em que você sentir vontade de reclamar, respire fundo, conte até três e analise se realmente tal situação merece reclamação. Faça uma autorreflexão, um exame de consciência antes de soltar as palavras no ar. Que tal fazer esse teste a partir de hoje?

Vamos pensar com a alma antes de expressar o que sentimos, ter a consciência plena dos fatos, dos nossos pensamentos. Esse é o segredo para não cair no vício da reclamação sem fundamento, sem propósito, e também é uma maneira de evitar encostos, desentendimentos futuros e desarmonia universal.

## Dicas para combater o estresse

O estresse nada mais é que a própria pressão interna, mental. Nós esperamos ser os melhores em tudo, mas isso não é possível sempre e acabamos atraindo espíritos maléficos e encostos para nossa vida em virtude do cansaço excessivo.

E como poderemos combater o estresse, nos livrar dos encostos, daqueles espíritos que poderão tirar nossa liberdade, e viver uma vida mais feliz? Confira estas dicas espirituais:

- Ouça sempre músicas alegres no celular, em casa, no carro.
- Conecte-se com seu Anjo da Guarda por meio da oração, prece ou meditação todos os dias. Faça seus pedidos e converse com Ele.
- Ore diariamente o Salmo 66 para afastar as más energias de sua vida.
- Ao pensar em algo desagradável, estale os dedos imediatamente várias vezes, acessando assim seu polo mediúnico (centro da palma da mão). Conecte-se com seu Mentor, pedindo a Ele ajuda para essa situação.
- Ao pensar em alguma praga ou palavras desagradáveis para se comunicar com alguém, coloque imediatamente a língua no céu da boca e evite se expressar nesse momento. Fique quieto, em silêncio, até atingir o autocontrole emocional.

Que tal colocar essas dicas em prática agora? Vamos lá! Coragem, fé e persistência nas próprias atitudes! Você é capaz!

## Salada energética natural

Você anda sem energia? Sente-se fraco, sem energia vital? Está muito cansado? Faça já esta fantástica salada energética natural e recupere suas energias imediatamente!

### INGREDIENTES
- 100 gramas de feijão-preto
- 200 gramas de queijo branco
- 1/2 cebola
- 2 dentes de alho com casca
- 1 maço pequeno de salsinha e cebolinha
- Azeite de oliva
- Sal a gosto

### COMO FAZER

Deixe o feijão-preto de molho por um dia. Ele vai soltar aquela espuminha; são os gases que estão sendo expelidos. Cozinhe o feijão normalmente, escorra-o e junte o queijo branco cortado em cubinhos. Em seguida, corte a cebola em pedacinhos e junte com os dentes de alho picados, a salsinha, a cebolinha, o azeite de oliva e o sal a gosto. Misture tudo muito bem.

Esta salada é superenergética. O alho, cebola, a salsinha e a cebolinha são elementos da natureza que, juntos, trazem energia pura. A salsinha e a cebolinha ainda ajudam no banimento dos encostos.

## Dicas astrais para se tornar uma pessoa zen

A paz de espírito é fundamental para o ser humano. Trata-se de uma forma de autoproteção contra as energias e as vibrações negativas. Portanto, manter-se em estado zen sempre favorece a saúde física, emocional, social, profissional e, sobretudo, espiritual.

Ser zen não significa estar alheio à rotina materialista. Pelo contrário, significa que você estará mais preparado para lidar com os desafios do dia a dia, com a mente mais relaxada, tranquila, equilibrada e sem conflitos interiores.

Como se tornar uma pessoa zen? Vamos às dicas:

- Ao falar com as pessoas a sua volta, use palavras carinhosas, dóceis, respeitando o próximo como a si mesmo.
- No ambiente de trabalho, nada de alterar a voz para resolver os problemas, as dificuldades, nada de pressa. Primeiramente, analise a situação com calma e tranquilidade. Peça um tempo para solucionar o problema, tudo de forma gentil e serena.
- Tenha metas e objetivos de vida, trabalhe para conquistar seus desejos, seja flexível com você mesmo e vá fazendo mudanças pelo caminho.
- Esteja sempre receptivo à energia do bem, aberto às oportunidades do universo, assim seu estado de espírito se tornará cada vez mais feliz e sereno.
- Fique sempre atento a tudo o que ocorre a sua volta, mas ao mesmo tempo se desligue de tudo que não lhe traz nada de positivo.
- Estar zen significa ser modesto, ser humilde nas atitudes do dia a dia, não se sentir superior nem inferior a ninguém e estar com a consciência limpa, tranquila.
- No trânsito, nada de nervosismo. Pratique a gentileza, peça e dê passagem, agradeça e, nos momentos em que o tráfego estiver parado, não se apavore: tenha sempre um livro por perto para ler, algo para beliscar ou ouça uma música relaxante.
- Aceite-se como você é, valorize-se como pessoa Divina e siga a vida sem medo de ser feliz.

- Lembre-se sempre de orar para afastar vibrações negativas a seu redor. Pratique a meditação. Isso também o ajudará, e muito, a manter seu estado de espírito superleve.
- De vez em quando, reserve um tempo para o descanso, sem atividades ou turbulências mentais. Apenas relaxe a mente e o espírito.
- Esteja atento a tudo e a todos a seu redor, cada palavra, cada gesto. Dessa forma você sentirá melhor a energia da vida e poderá encarar os desafios com mais leveza e sabedoria.
- Acalme sempre sua respiração, observando-a atentamente.
- Viva o tempo presente. Desapegue-se do passado e planeje suas metas futuras sem estresse, deixando a vida fluir naturalmente.
- De vez em quando, dê boas gargalhadas da vida. Viver é sentir tudo de bom que o universo tem a oferecer.

## Ritual para combater a depressão, elevar a autoestima e desatar os nós da vida

Você se sente triste? Cabisbaixo? A vida não anda? Tudo está um embaraço só? Tudo parado em seu caminho? Nada vai para a frente? É hora de mudar o disco! Então, aprecie estes rituais, saiba como prepará-los, tenha fé e bola para a frente, com positividade na alma! Vamos melhorar nossa sintonia energética com a ajuda destes rituais. Agora é com você!!!

## Perfume astral

Recebo muitos e-mails, comentários e cartas falando sobre os aromas que as pessoas sentem. Alguns sentem perfumes agradáveis, de ervas, flores, mas a maioria sente odores ruins. É cheiro de óleo queimado na cozinha, cheiro desagradável na casa, cheiro de podre, cheiro de morte, e tudo sem razão aparente.

Acontece que esses cheiros que sentimos inexplicavelmente vêm do mundo espiritual e não do mundo físico. Apesar de tudo parecer muito estranho, o que traz esses aromas são as energias em nossos campos energéticos, em nossa aura. É nosso sexto sentido que os percebe e não nosso nariz.

Se o cheiro que você sente constantemente é ruim, desagradável, as energias que o acompanham não são boas e com certeza denunciam a presença de espíritos perturbadores, encostos. Essas almas sugam sua energia, desequilibram sua vida e impedem novas realizações.

A explicação para essas energias pode ser uma queda em seu padrão vibratório, causada pela tristeza, pela depressão, por sentimentos ruins. Por isso, afaste o baixo-astral, esteja sempre otimista, com pensamentos positivos e sentimentos bons.

Porém, se você não está nessa situação e mesmo assim sente cheiros ruins, pare e reflita. Pode ser um indício de que é chegada a hora de buscar sua espiritualidade, pois provavelmente você está desenvolvendo a sensibilidade. Procure um curso sem medo ou fantasia em alguma instituição séria que te ajude e oriente.

## Simpatia para desatar os nós da vida

### INGREDIENTES
- 7 moedas correntes (que estejam em circulação).

### COMO FAZER
Procure um formigueiro grande. Pegue as 7 moedas e vá jogando, uma a uma, na direção do lugar onde as formigas entram com a carga, até você colocar a última moeda na boca do formigueiro e vá

dizendo com muita fé: "Da mesma forma como a formiga resolve a vida dela lá fora, eu também resolvo a minha vida".

**QUANDO FAZER**
Segunda-feira, entre as 9 e 21 horas.

## Conheça os principais sintomas de um ataque energético

Às vezes, tudo está correndo bem, na mais perfeita normalidade, harmonia e equilíbrio. Um belo dia, uma onda de azar começa a afetar sua vida, sua saúde, suas finanças, seu relacionamento afetivo, amoroso. De repente, tudo vira de pernas para o ar.

Fique esperto! Espiritualmente falando, tudo isso acontecendo de forma rápida em sua vida pode significar que você sofreu um ataque energético ou um feitiço, afinal, tudo no universo é energia.

Conheça os principais sintomas de um ataque energético:

- Cansaço, fadiga, sono excessivo ou insônia.
- Excesso de azar na vida; tudo dá errado.
- A comida estraga facilmente em sua casa, sem motivos aparentes.
- Objetos queimam ou quebram com frequência em seu lar.
- Você percebe prejuízos em geral na vida e em casa.
- Surgem pragas e insetos em sua casa do nada.
- O dinheiro não rende.
- Aparecem problemas de infiltrações em sua residência.
- As pessoas da casa têm pesadelos frequentes.
- Os caminhos da vida se fecham, nada vai para a frente. Pelo contrário, tudo se retarda (amor, dinheiro, emprego, trabalho).

- Acidentes, brigas, discussões, violência estão sempre acontecendo.
- Você enxerga vultos e sombras dentro de casa.
- Você, as pessoas próximas ou animais de estimação ficam doentes com frequência.
- As plantas morrem facilmente.
- Você sente dores de cabeça, calafrios e tontura sempre.
- Falta de apetite constante.
- Dores inexplicáveis, principalmente nas costas e nas pernas.
- Você se esquece das coisas com facilidade.
- Sentimento de tristeza, depressão, angústia, ansiedade constante.
- Medo de ficar sozinho e muitos outros sem explicação.
- Sensação de ser observado o tempo todo por alguém ou de estar prestes a ser atacado.

Como eu sempre digo: ore e vigie. Todos os dias! Fique atento.

Esses sintomas são fatores preocupantes e é preciso buscar ajuda espiritual, não dispensando também orientações médicas, psicológicas e psiquiátricas.

## Unguento xô, energias negativas!

**INGREDIENTES**
- 30 gotas de óleo essencial de girassol (como base)
- 30 gotas de óleo essencial de alecrim
- 30 gotas de óleo essencial de sálvia
- 30 gotas de óleo essencial de sândalo
- 30 gotas de óleo essencial de rosa
- 1 pedra ônix (atrai sucesso financeiro)
- 1 pote ou prato de vidro
- 1 vela prateada (excelente para afastar energias negativas)

**COMO FAZER**
No primeiro dia de lua minguante do ano, junte todos os óleos essenciais dentro do pote de vidro ou no prato, tendo como base o óleo essencial de girassol. Em seguida, pegue a pedra ônix e coloque-a no recipiente com os óleos. Deixe tudo ao luar durante 1 hora e acenda com fósforo a vela prateada ao lado para que os espíritos da lua coloquem nesse óleo toda a energia positiva para sua vida. Deixe a vela queimar até o fim. Após esse período, retire a pedra e passe a carregá-la no bolso, na bolsa ou a deixe sobre o criado-mudo de seu quarto.

Quanto ao óleo, passe-o nos principais chacras do corpo, de baixo para cima (chacra coronário, topo da cabeça; chacra frontal, meio da testa; chacra laríngeo, região da garganta; chacra cardíaco, região do coração, centro do tórax; chacra plexo solar, altura do estômago; chacra sacro, entre o umbigo e os genitais; chacra básico, final, base da coluna vertebral), para que todas as energias negativas sejam eliminadas e fiquem somente as vibrações positivas para sua vida. Quanto ao que sobrou da vela, jogue tudo no lixo comum. Essa proteção é mil!

**QUANDO FAZER**
No primeiro dia de lua minguante do ano.

## Como fazer um autobenzimento?

Tudo é energia ao nosso redor! Quando nossas energias estão desequilibradas, certamente sofremos consequências emocionais, físicas, mentais e, sobretudo, espirituais.

Mas você sabia que nós mesmos podemos nos benzer?

É claro que sim! É a pura magia do autobenzimento. Durante o autobenzimento, invocamos a proteção dos céus, e um feixe de energias superiores é projetado sobre nós com muitas bênçãos Divinas nos curando e nos libertando das más energias. É assim que ficamos limpos e equilibrados energeticamente, e nossos caminhos se abrem naturalmente em todos os aspectos da vida, sem dúvidas, sem confusão mental e sem a interferência de vibrações negativas.

Uma dica simples e prática é o autobenzimento com ervas como o louro, por exemplo. É isso mesmo! O louro, com toda sua magia e seu poder de autocura em ação.

Para os romanos, o louro era símbolo de vitória, sucesso, triunfo, glórias Divinas. Já para os gregos, era a árvore sagrada de Apolo, talvez por ser gigantesca, mostrando toda sua beleza e grandiosidade.

Agora, confira a técnica milenar do autobenzimento com louro. Siga os passos com fé, determinação e se sinta vitorioso desde já:

- Escolha um horário tranquilo e livre de interrupções e pegue 3 folhas de louro.
- Sente-se em um local calmo, sem barulhos.
- Faça uma prece de gratidão ao universo com suas próprias palavras, entrando em contato com seu Deus Interior.
- Respire profundamente, com serenidade no coração, por uns 2 minutos.
- Na sequência, pegue com suavidade as 3 folhas de louro que você reservou e segure-as em sua mão direita.
- Visualize um ponto de luz prata no centro de sua testa. Ao mesmo tempo, visualize um ponto de luz verde na região de seu coração. Concentre-se neles por uns 3 minutos.
- Pegue uma das folhas de louro, encoste-a no ponto de luz prata (na testa) e diga com fé:

*"Eu me conecto com a paz, sabedoria, energia de gratidão e luz de Deus. Eu sou a paz, sabedoria, energia de gratidão e luz de Deus em ação todos os dias de minha vida."*

- Fique com a alma serena, em silêncio, por um minuto (olhos fechados). Agora, pegue a segunda folha de louro, encoste-a no ponto de luz verde na região de seu coração e diga com fé:

> *"Eu conecto meu coração com o coração de Deus. Eu me conecto com a energia do amor, da ternura, da doçura e da bondade Divinas. Eu sou o amor, a ternura, a doçura e a bondade Divinas em ação todos os dias de minha vida."*

- Fique com a alma serena, em silêncio, por um minuto (olhos fechados). Em seguida, pegue a terceira e última folha de louro, posicione-a entre as duas mãos em forma de prece na altura de seu plexo solar (umbigo) e diga com fé:

> *"Eu me entrego a Deus com fé, determinação, amor infinito, com todas as forças de minha alma. Eu me entrego à cura da natureza sobre mim, promovendo-me energia de paz, autocura e limpeza de todos os males de minha vida. Gratidão por tudo, gratidão, gratidão, gratidão!"*

- Fique com a alma serena, em silêncio, por um minuto (olhos fechados).
- Por fim, desperte com tranquilidade e paz interior.
- Pegue as 3 folhas de louro usadas e deixe-as em um jardim bem bonito e florido, expressando sua eterna gratidão ao universo Divino.

## Gatos: seres místicos e nossos protetores espirituais

Devemos ter sempre muito respeito com os animais! Perceba a importância dos gatos: eles possuem a espiritualidade muito aguçada no próprio olhar, veem e sentem tudo a seu redor.

Os felinos têm uma visão apurada de tudo, podendo até sentir as energias eletromagnéticas negativas tanto de nós quanto dos ambientes, de nossa casa: ódio, angústia, raiva, tristeza das pessoas... Não é à toa que os gatos têm sete vidas; são animais livres, espertos, independentes e caçadores. Eles são considerados bichos sagrados, pois transmitem amor, harmonia, vida, alegria, energia positiva por onde passam, elevam nosso padrão vibratório e têm também o poder de afastar, literalmente, as almas trevosas dos ambientes.

Os gatos são seres extrassensoriais, têm uma visão diferenciada, além do normal. Pertencem a uma esfera superior, a um nível mais elevado de consciência.

Podemos, sim, afirmar que todos os gatos têm o poder de remover energias negativas acumuladas em nosso corpo. Se há mais de uma pessoa na família e só um gato, ele pode acumular uma quantidade excessiva de negatividade ao absorver tanta energia. Quando eles dormem, eliminam o que acumularam.

Se estamos estressados, eles podem não ter tempo suficiente para eliminar essa energia e, consequentemente, elas se acumularão como gordura até que possam ser dissipadas. Os bichanos, então, se tornarão obesos e você acaba pensando que o motivo é o apetite excessivo. Quando eles precisam recarregar as baterias, ficam um bom tempo ao sol para absorver mais energia vital.

Os felinos também nos protegem durante a noite, para que espíritos indesejáveis não se aproximem enquanto dormimos. Por isso eles gostam de dormir em nossa cama. Se eles se certificam de que estamos bem, não dormem conosco. Se percebem que há algo errado em nosso lar, ficam por perto para nos proteger.

Se há visitas em casa e eles percebem que elas trazem algo negativo, os gatos começam a dar voltas (circulares) para nos proteger e recolher tal energia.

Então, é bem fácil saber como anda a energia de uma pessoa que entra em sua casa. Se os gatos se aproximam para serem acariciados por ela, relaxe, é uma pessoa do bem. Os felinos sentem a energia daqueles que os querem bem, não tenha dúvidas.

O gato pode ter vindo a você por causa de um débito cármico que ele precisa pagar, portanto não afugente o animal. Ele terá de retornar para cumprir sua missão.

Se um gato aparecer em sua casa, é porque você precisa dele, principalmente nesta época da vida. Deixe-o passear pela casa e o agradeça pelo trabalho de limpeza energética. Quem sabe ele não fica por lá e você o adota? Aliás, adotar é sempre um lindo caminho. Com tanto bichinho por aí, para que comprar? Adote que isso fará bem a ele e a você!

Você sabia que os gatos têm o poder de cura? E como têm! Na época de Atlântida, os curandeiros usavam cristais em trabalhos que serviam como um verdadeiro canal de cura. Quando os curandeiros visitavam vilas distantes, não podiam usar cristais, pois o povo desconfiava e achava que se tratava de magia negra. Nesses casos, os curandeiros carregavam seus gatos, que faziam o mesmo trabalho dos cristais. O povo não tinha medo dos gatos e, por isso, liberava a entrada em suas casas. Era assim que os felinos eram usados no processo de cura.

Em muitas culturas, os bichanos são considerados verdadeiros guardiões do portal: podem estar em várias dimensões ao mesmo tempo, de tão elevada que é sua consciência cósmica. Ou seja, eles se materializam com muita facilidade em outros lugares, outras moradas, outros mundos, frequências energéticas pelo universo afora, e lá trabalham, cumprindo de fato suas missões. Terminadas as missões em outras dimensões, eles voltam para seu lar, sua moradia terrena.

São de fato nossos grandes companheiros de caminhada existencial! Sua energia é tão mágica espiritualmente falando que, ao olharmos nos olhos dos gatos fixamente, ficamos hipnotizados. Sua vibração energética está coligada a poderes realmente sobrenaturais. Eles são clarividentes, telepatas, possuem poder de visão e audição muito aguçado, portanto sentem e veem tudo.

Os gatos são criaturas adoráveis, pura energia de luz, de amor, de limpeza energética. São verdadeiros trabalhadores silenciosos do mundo, Anjos da Guarda da humanidade. Como já dizia Leonardo da Vinci: "Chegará um dia em que todo homem conhecerá o íntimo dos animais. Nesse dia, um crime contra um animal será considerado um crime contra a própria humanidade".

## A pureza de nossa mente: dicas para conquistá-la

Muitas vezes nos pegamos com pensamentos e sentimentos ruins, negativos. Às vezes, sem querer, damos corda para tudo o que a mente nos diz, não percebendo que tais pensamentos nos prejudicam. Mas o que fazer para não entrar em determinadas armadilhas de nossa consciência?

Em primeiro lugar, é preciso silenciar a mente! A oração é uma das formas mais puras e belas de silenciá-la.

Orar os Salmos 66, 91 e 134 (Bíblia Católica) diariamente é uma maneira de silenciar a mente com positividade Divina. Se possível, leia os Salmos em voz alta. Caso não seja possível, leia silenciosamente e se conecte ao universo Divino.

O Salmo 66 é bastante forte para nos livrar de entidades negativas e para limpar um ambiente espiritualmente.

O Salmo 91 é considerado um dos mais fortes. É o Salmo da esperança, da confiança no Invisível, da certeza de que uma força maior sempre nos ajuda a resolver todos os problemas, por mais difíceis que pareçam ser. É a oração da paz, da harmonia com o universo Divino. Deixe sempre sua Bíblia aberta no Salmo 91.

Por fim, o Salmo 134, para elevar nosso padrão vibratório, sentir mais a positividade da vida, nos colocar em contato com nosso Mentor Espiritual para que ele possa sempre nos guiar para o bem, além de elevar nossa autoestima.

Que tal apostar nessas orações com uma leitura diária? Sim, vamos criar hábitos que nos façam bem!

O segredo para mantermos a mente mais pura é elevá-la para o bem, sem interferências espirituais negativas. Além disso, é preciso ficar distante de tudo que nos faz mal. Não dê forças para aquilo que o prejudica.

Aprenda a dar mais valor a tudo que é belo, positivo, favorável para seu crescimento intelectual, emocional e espiritual. Fique atento àquilo que lhe traz bons valores, enxergue o lado bom e de aprendizado das situações da vida, preste mais atenção em sua intuição, pense antes de falar, esteja de bem com sua existência, com as pessoas ao redor e seja grato por tudo.

A pureza de nossa mente se conquista dia a dia, treinando-a e exercitando-a para o bem. Após conquistado o silêncio interior, estaremos, certamente, ligados à pura magia da essência Divina!

## 5 dicas para sua intuição funcionar bem diariamente

**1.** A intuição nada mais é que a manifestação de nossa "alma", é o reflexo da inteligência Divina que habita em nós. Mediunicamente, é a inspiração que os espíritos nos dão captada pela psique.

**2.** Primeiramente, ao acordar, agradeça o universo por mais um dia de vida! É isso mesmo! Gratidão pela própria existência é sinal de espiritualidade em ação. Depois, agradeça por tudo que tem.

**3.** Na sequência, reserve alguns minutos para orar. A oração fortalece nossa alma, nosso espírito, nossa essência Divina, além de afastar as más energias e as influências espirituais maléficas.
**4.** Peça ao universo espiritual paciência, tolerância, sabedoria, compaixão e bom senso para conduzir seu dia com serenidade na alma.
**5.** Agora, sinta-se de bem com a vida, consigo mesmo e com as pessoas próximas. Se não está de bem com elas, procure perdoá-las urgentemente. Para isso, faça a "Hora da Misericórdia" (explicarei a seguir).

Por fim, fique atento a sua voz interior, suas intuições. Respeite seus limites, desejos, silencie sempre sua mente, sinta a comunicação do universo espiritual com você e siga em frente com seus afazeres, suas atividades e seus compromissos.

## Hora da Misericórdia

Todos nós temos raiva e mágoa no coração, pois esperamos dos outros aquilo que nós precisamos e não o que eles podem nos dar.
Infelizmente, só com muita oração e vivência é que perdemos o ego. Você deseja ser próspero, ter dinheiro e amor? Só perdoando e sendo perdoado. Para isso, tenha humildade na alma.
Misericórdia é AMOR e PERDÃO.

**COMO FAZER**
Uma vez por semana, às 3 da manhã, que é a hora da oração com Deus, fique de joelhos, levante as mãos e diga, sem pensar em ninguém:
*"Dou a misericórdia para quem me magoou. Peço a misericórdia de quem eu magoei."*

Esse perdão é feito no astral. Faça 16 vezes, não necessariamente consecutivas. Após os 16 dias, faça pelo menos uma vez por mês para manutenção.

## 10 dicas para sair da solidão

A vida é tão corrida que nos faz esquecer de nós mesmos. Parece que estamos sempre perdidos e longe de nossa essência, de nossa alma.

Fazemos tudo de forma automática, com horário, data marcada. As metas devem ser cumpridas dentro do prazo, caso contrário somos seres incompetentes e não estamos aptos para tal cargo.

É muita loucura o tempo todo! A rotina é a mesma de sempre, e com isso nos tornamos seres individuais, sozinhos, solitários. Mas como sair do meio de tanta confusão emocional? Como sair da solidão que nós mesmos criamos em nossa alma? Vamos às dicas:

**1.** Jamais se isole, pois vivemos em conjunto com a família, com os amigos, com a sociedade.
**2.** Evite pensamentos e sentimentos negativos sobre si mesmo, não dê forças para o lado escuro e sim para a luz. Vibre fé, alegria e otimismo pela vida.
**3.** Reúna-se com a família e os amigos, marque encontros, bata um papo sempre que puder com seus colegas, troque ideias, viva em grupo.
**4.** Nada de ficar trancado em casa. Saia para passear, vá ao cinema, ao teatro, assista a palestras, participe de workshops, de cursos, corra atrás de um trabalho voluntário, sinta-se útil.
**5.** Evite cobranças excessivas. Nada de ficar exigindo melhorias de si mesmo toda hora. Basta deixar a vida fluir naturalmente e tudo seguirá muito bem quando você se desprender das cobranças. Confie mais em suas atitudes.

**6.** Seja uma pessoa curiosa, vá atrás de respostas, leia bons livros, curta as boas informações na internet, assista a bons programas de televisão, ouça músicas suaves para sua alma, tenha um hobby, faça novas amizades.
**7.** Não tenha medo de ir ao salão de beleza: mude o visual, corte o cabelo num estilo moderno, pinte as unhas com uma cor diferente, faça a maquiagem dos sonhos.
**8.** Analise sua vida financeira e faça boas compras de roupas, dê uma repaginada em seu armário.
**9.** Se parou no tempo em seus estudos, corra atrás, termine o ensino médio, faça uma faculdade. Muita coisa pode ser feita, sempre é tempo.
**10.** Se não trabalha ou não está satisfeito com o emprego, vá em busca de um trabalho ou procure um melhor. Saia da solidão e pare de reclamar!

## Conselhos para seu reabastecimento energético

Você deseja reabastecer as energias? Então, se ligue nas seguintes dicas:

- Organize seu tempo.
- Tenha amizades sadias.
- Ouça somente músicas alegres.
- Não fume, não beba.
- Evite a absorção de lixo mental.
- Durma no mínimo 7 horas por dia.
- Obrigue-se a ter lazer como se obriga a trabalhar.
- Alimente-se bem, não coma carne.
- Aceite as limitações alheias.
- Não critique.

- Não julgue.
- Desenvolva a paciência e a compreensão.
- Elimine suas culpas. Faça 16 vezes a Hora da Misericórdia.
- Brinque sempre.
- Ame sua casa e sua família.
- Plante, tenha plantas em casa.
- Não reclame.
- Ore, ore, ore.
- Ande na grama com os pés descalços pelo menos uma vez por semana.
- Tome banho de sal grosso pelo menos duas vezes por semana. Jogue do pescoço para baixo após seu banho higiênico. Para isso, adicione 2 colheres (sopa) de sal grosso a 2 litros de água (do chuveiro mesmo). Misture tudo muito bem e jogue do pescoço para baixo (poderá ser na segunda e na sexta-feira).
- O passado já passou. O futuro talvez não venha. O presente é a dádiva Divina, portanto viva somente o tempo presente.
- Tome banhos de flores e ervas, pois aliviam males.
- Aprenda: errar é humano. Erre sempre, só não cometa duas vezes o mesmo erro.
- Escreva bilhetes amorosos para filhos e amigos.
- Seja aberto a mudanças.
- Tenha disciplina e planejamento.
- Saiba dizer "não" no momento certo. Mesmo não aceitando determinadas situações, pense, reflita melhor sobre elas, analise os pós e contras com sabedoria e defina positivamente suas decisões, explicando-as com amor e carinho, principalmente nos momentos mais difíceis de sua caminhada.
- Dê o dízimo, sim: para seus familiares e amigos menos afortunados. Pratique a caridade.

## Chá da felicidade

Você anda triste, cabisbaixo, desanimado com a vida? Sente-se infeliz com determinadas situações em seu dia a dia?

Não fique assim! Anime-se com este poderoso chá, ative já sua felicidade interior e vamos lá conquistar tudo de bom que a vida lhe proporciona! Aprenda a preparar o chá da felicidade!

**INGREDIENTES**
- Um punhado de alecrim
- Um punhado de hortelã
- 2 litros de água

**COMO FAZER**
Prepare um chá com o alecrim e a hortelã. Deixe amornar e coe. Banhe-se do pescoço para baixo após seu banho higiênico. Durma com o banho. Esse chá é mil, pois o efeito de avivamento será imediato!

**QUANDO FAZER**
Nos dias em que você se sentir triste, infeliz, em qualquer horário, após o banho higiênico. Se você preferir, pode também tomar um chá de alecrim com hortelã. Com certeza ele te fará mais feliz!

## Teste para saber se você tem o dom da cura

Será que você tem o dom da cura? Em algum momento da vida, já despertou essa curiosidade em você? O dom de cura é considerado um talento Divino, é a pura magia da energia do universo existente em nós que, talvez, possuímos sem saber.

Para esclarecer melhor o tema, cito 14 dicas a seguir para você descobrir se tem ou não o dom da cura. Se responder afirmativamente a pelo menos 10 delas, então você é considerado, sim, um curandeiro e pode ajudar o planeta e as pessoas.

Mas o que isso significa?

Você pode fazer um curso de *reiki* e aplicá-lo posteriormente nas pessoas, aprender a aplicar o *johrei*, trabalhar com acupuntura, sentar em uma mesa branca se desejar, ou seja, praticar a mediunidade espiritualista.

Em resumo, se você possui o dom da cura, corra atrás de desenvolver isso com fé, seriedade, amor no coração tanto para seu bem quanto para o bem-estar das pessoas a sua volta e de quem precisa, afinal, é um dom Divino. Aproveite essa oportunidade de luz Divina e siga a vida feliz.

**1.** Você desperta tranquilidade, serenidade nos ambientes por onde passa. As pessoas se sentem bem a seu lado, pois você traz um sentimento de paz e harmonia.
**2.** Você raramente adoece. E isso ocorre também com as pessoas próximas de você.
**3.** Você sempre está pensando em como melhorar a vida das pessoas.
**4.** Você é uma pessoa empática, solidária e generosa: sente o que as outras pessoas sentem, ou seja, a dor do outro, e isso não passa despercebido. Quer sempre ajudar o próximo de alguma forma.
**5.** Seus antepassados são curadores. Procure saber se seu bisavô, sua bisavó, seu avô, sua avó, enfim, se alguém de seus ancestrais foi um curador.
**6.** Normalmente, ao frequentar lugares com muitas pessoas, a energia dos ambientes o afeta, ou seja, você sente o estômago

embrulhar, um mal-estar. Seu estômago reflete o que está se passando lá fora.

**7.** Os animais amam você! Onde quer que esteja, os animais chegam até você e o agradam de alguma forma.

**8.** As pessoas falam da vida delas para você de maneira natural. É impressionante, pois você apresenta a aura de cura! Então, as pessoas desabafam sobre seus problemas e se sentem bem ao trocar ideias com você.

**9.** Você faz massagem muito bem sem nunca ter estudado as técnicas. É um dom natural!

**10.** Você adora cristais, pois eles transmutam a cura, e se sente bem ao tê-los em casa.

**11.** Você ama acupuntura, *reiki*, homeopatia e ciência espiritual. Isso demonstra que você apresenta o dom de cura.

**12.** Você é muito sensível a alimentos e bebidas. Pode sentir dores de cabeça ao consumi-los e também sensibilidade no aparelho digestivo, pois é considerado médium de cura.

**13.** Sente calafrios, os pés gelados ou calor ao extremo em determinados momentos.

**14.** Sente a palma das mãos formigando.

## 4 descarregos poderosos contra energias negativas

Você anda desanimado? Tem insônia? Queda de cabelo? Sente tontura? Zumbido no ouvido? Dores nas costas? Dores nas pernas? A vida não vai para a frente? Dores no cangote? O dinheiro não rende? Sente vontade de chorar sem motivo aparente? Brigas à toa em casa? Muita encrenca?

Tudo isso pode ser sinal de carregos em sua vida! Carregos podem ser encostos, larvas espirituais, pensamentos negativos que grudam em sua aura. Você vira um trapo em pessoa.

Vamos mudar tudo isso? Descarregar as energias negativas presentes em sua aura? Dar a volta por cima?

**DESCARREGO 1:** banho de assento de mamona (também é ótimo para quem sofre com hemorroidas)

### INGREDIENTES
- 3 folhas de mamona
- 2 litros de água (temperatura ambiente)

### COMO FAZER
Macere bem as folhas de mamona na água com as mãos (até que a água fique verde). Em seguida, após seu banho higiênico, faça o banho de assento. Fique sentado sobre a água por uns 5 minutos. Este banho é mil para quem tem problema de hemorroidas e é considerado um tipo de descarrego. Vá repetindo o tratamento durante o tempo necessário à cura ou alívio. Quanto ao que sobrou das folhas de mamona, jogue tudo no lixo comum ou em um jardim bem bonito e florido.

### QUANDO FAZER
Segundas-feiras, entre as 9 horas e 21 horas.

**DESCARREGO 2:** para se livrar de encostos, larvas astrais e energias negativas

### INGREDIENTES
- 3 folhas de mamona

## COMO FAZER

Primeiramente, peça para a pessoa que precisa do descarrego ficar de braços abertos em sua frente. Em seguida, pegue as 3 folhas de mamona juntas e vá passando (batendo com as folhas) em todo o corpo da pessoa, orando em voz alta o pai-nosso: região da cabeça, do peito, braços, abdome, pernas, pés. Na sequência, peça para a pessoa virar de costas e repita o procedimento em todo o corpo. Após o término do descarrego, pique bem as folhas de mamona e jogue no lixo comum.

## QUANDO FAZER

Segundas-feiras, entre as 9 e 21 horas.

**DESCARREGO 3:** para eliminar todos os males (encostos, larvas astrais, energias negativas)

## INGREDIENTES

- 2 litros de água (temperatura ambiente)
- 1 galho de manjericão
- 1 galho de alecrim
- 1 galho de arruda
- 3 folhas de boldo
- 3 folhas de guiné

## COMO FAZER

Macere todas as ervas na água com as mãos. Misture tudo muito bem. Em seguida, coe. Banhe-se do pescoço para baixo após o banho higiênico. Durma com o banho. Quanto ao que restou das ervas, jogue tudo no lixo comum ou deixe na natureza.

## QUANDO FAZER

Segundas-feiras, entre as 9 e 21 horas.

**DESCARREGO 4:** para acalmar as crianças

**INGREDIENTES**
- 2 litros de água (temperatura ambiente)
- 1 galho de alecrim
- Pétalas de uma rosa branca
- 10 folhas de louro

**COMO FAZER**
Macere bem todos os ingredientes com as mãos na água, dizendo, com muita fé: "Vou descarregar meu filho (nome da criança) porque ele/ela não dorme bem, está com problemas de alergia, coriza, insônia, não está indo bem na escola etc.". Coe em seguida. Banhe a criança do pescoço para baixo após o banho higiênico. Deixe-a dormir com o banho. Quanto ao que restou das ervas, jogue tudo no lixo comum ou deixe na natureza.

**QUANDO FAZER**
Sextas-feiras, entre as 9 e 21 horas.

## Banho energético para afastar encostos

**INGREDIENTES**
- 2 litros de água
- Um punhado de alecrim (erva)
- Anil (em pedra ou líquido)

**COMO FAZER**
Prepare um maravilhoso chá de alecrim. Em seguida, acrescente o anil (um pouco da pedra ou algumas gotinhas do líquido) até que a água fique totalmente azul. Misture tudo muito bem. Deixe

amornar. Coe. Banhe-se do pescoço para baixo após seu banho higiênico. Durma com o banho. Jogue o que restou da erva na natureza ou no lixo comum, conforme sua preferência.

**QUANDO FAZER?**
Às segundas-feiras.

## Banhos de descarrego para crianças

Já que falamos de crianças, sigo aqui com algumas dicas para nossos pequenos. É importante cuidar da aura deles também. Podemos dizer que as crianças são para-raios em matéria de energia, pois elas apresentam uma sensibilidade aguçada em relação à vibração energética tanto das pessoas quanto dos ambientes, em virtude da pineal aberta.

É por isso que a criançada pode, sim, ser afetada por energias negativas, larvas astrais, mau-olhado, olho gordo ou até mesmo feitiços ou magias enviados para nossa casa ou nosso ambiente de trabalho.

Na espiritualidade, evitamos dar banho de descarrego em crianças antes dos sete anos, porque até essa idade elas ainda não têm a aura definida. Quem as protege é a mãe. Então, se a mãe não estiver bem, a criança também não ficará energeticamente equilibrada! Passando essa idade, a criança assume sua aura e aí podemos cuidar melhor de sua espiritualidade.

Saiba como preparar banhos de descarrego para cuidarmos da energia das nossas crianças, trazendo paz, alegria e bem-estar a elas em todos os sentidos.

**Banho de Jesus (descarrego):** chá de boldo todas as segundas e sextas-feiras, da cabeça aos pés, após o banho higiênico.

**Para descarregar as más energias (olho gordo, mal-estar):** chá de alecrim. Jogue do pescoço para baixo após o banho higiênico. Terças-feiras.

**Chá de camomila:** para afastar o mau-olhado e restabelecer as forças espirituais. Jogue do pescoço para baixo após o banho higiênico. Uma vez na semana, no dia de sua preferência.

**Chá de alfazema:** para melhorar o aprendizado na escola, obter poder de concentração. Jogue do pescoço para baixo após o banho higiênico. Fazer às segundas ou quintas-feiras.

**Escalda-pés da alegria:** prepare um chá com a casca de uma mexerica ralada. Não coe. Coloque os pés da criança dentro desse preparo e os deixe de molho por cinco minutos. Depois, enxugue os pés normalmente e a deixe dormir com o banho. Uma vez na semana, no dia de sua preferência.

## Banho de limpeza energética

Este banho de limpeza tira toda a negatividade do corpo, afasta o mau-olhado, a inveja, os encostos. Veja que fácil prepará-lo!

### INGREDIENTES
- 2 litros de água do mar
- 1 colher (sopa) de sal grosso
- 4 dentes de alho roxo com casca
- Galhinhos de arruda

### COMO FAZER
Soque o alho com a arruda e o sal grosso. Ferva essa mistura juntamente com a água do mar por uns 3 minutos. Em seguida, coe. Banhe-se do pescoço para baixo, orando com muita fé o credo. Durma com o banho.

**QUANDO FAZER**
Em uma segunda-feira, lua cheia, às 21 horas.

## Banho de descarrego energético por signo

Primeiramente, prepare o banho de descarrego de sal grosso para limpeza energética com: 2 litros de água (temperatura ambiente) e 1 colher (sopa) de sal grosso. Mexa bem. Banhe-se do pescoço para baixo após seu banho higiênico.

Na sequência, prepare o banho de energização de acordo com seu signo utilizando também 2 litros de água (temperatura ambiente) com as ervas indicadas (macerando-as bem na água com as mãos) ou gotas de essência (misture-as bem na água), conforme cada instrução mencionada. Banhe-se do pescoço para baixo após o banho de sal grosso (primeiro banho indicado). Durma com os banhos. No total são dois banhos: o primeiro de limpeza (com sal grosso) e o segundo de energização (ervas ou essências).

Em relação às ervas, antes de se banhar, coe-as. O que restar, jogue na natureza.

**Dicas especiais:** durante a preparação dos banhos, ore o Salmo 66 em voz alta. Nesse dia, durma com roupas claras.

**QUANDO FAZER**
Prepare os banhos em uma segunda, quarta ou sexta-feira.

## Ervas ou gotas de essência para o banho de energização de cada signo

**Áries e Escorpião:** banho com pétalas de um cravo branco.

**Touro e Libra:** banho de alfazema (um punhado) ou 10 gotas de essência de alfazema.

**Câncer:** banho de verbena (para os homens; um punhado ou 10 gotas de essência de verbena); pétalas de uma rosa amarela (para as mulheres) ou 10 gotas de essência de rosa amarela.

**Gêmeos e Virgem:** banho de jasmim e benjoim (um punhado de cada) ou 10 gotas de essência de jasmim mais 10 gotas de essência de benjoim.

**Leão:** 10 gotas de essência de sândalo.

**Capricórnio e Aquário:** 10 folhas de boldo.

**Peixes e Sagitário:** 10 gotas de essência de mirra.

## Banhos para cada dia da semana

Prepare um chá com um punhado das ervas naturais (aproximadamente 50 gramas) para todos os banhos. Para isso, basta macerá-las bem com as mãos em 2 litros de água. Deixe amornar. Em seguida, faça um escalda-pés.

Deixe seus pés por meia hora dentro do preparo, orando o Salmo 90 e fazendo seus pedidos com fé de acordo com cada dia da semana. Quanto ao que restou das ervas, jogue tudo no lixo comum ou deixe na natureza, conforme sua preferência. Se forem ervas secas, faça um chá, deixe amornar e prepare seu escalda-pés com fé.

**Segunda-feira** (para despertar o ânimo, a força de vontade, o otimismo pela vida): um punhado de alfavaca, hibisco e camomila.

**Terça-feira** (para firmeza de propósitos, metas de vida): um punhado de cipó-de-caboclo, poejo e hortelã.

**Quarta-feira** (para abrir caminhos, atração pessoal, melhorar e trazer oportunidades): um punhado de girassol, 3 folhas de limoeiro, 3 folhas de laranjeira.

**Quinta-feira** (para iluminação espiritual e rejuvenescimento): um punhado de alecrim, folhas de café, folhas de mangueira.

**Sexta-feira** (para compreensão das perdas, aceitação da vida, resolução de problemas pendentes): um punhado de anis-estrelado, manjericão e pétalas de uma rosa branca.

**Sábado** (banho das mamães Iemanjá e Oxum para nos ajudar em todos os sentidos da vida): um punhado de alfazema, poejo e pétalas de uma rosa branca.

**Domingo** (para os Ibejis nos ajudarem em todos os sentidos da vida): um punhado de erva-doce, camomila e verbena.

## Banho para elevar a autoestima

**INGREDIENTES**
- 1 champanhe rosé
- Pétalas de 3 rosas salmão
- 7 gotas de essência de baunilha
- 7 gotas de um perfume doce
- 1 colher (sopa) de chocolate em pó

**COMO FAZER**
Misture todos os ingredientes. Deixe descansar por 12 horas. Após seu banho higiênico, jogue o preparo do pescoço para baixo. É para se lambuzar mesmo. Deixe o preparo no corpo por cinco minutos. Depois, enxágue e se enxugue normalmente.

**QUANDO FAZER**
Terceiro dia de lua cheia, no horário de sua preferência.

## Banho para transmutar a tristeza e a inveja

**INGREDIENTES**
- 1 litro de água de arroz (sem sal)
- 3 colheres (sopa) de arnica
- 3 galhos de manjericão
- 3 galhos de hortelã
- 3 galhos de guiné

**COMO FAZER**
Macere bem as ervas. Coe. Tome o banho do pescoço para baixo. Durma com o banho no corpo, usando roupa branca.

**QUANDO FAZER**
Faça todas as segundas-feiras, durante um mês.

## Banho especial para você se conectar com seu lado espiritual

Normalmente, na correria do dia a dia, ficamos muito ligados aos afazeres do trabalho e da casa e nos esquecemos de dar valor às demais tarefas de nossa existência, ou seja, a outras prioridades que são também importantes para que possamos viver melhor.

Uma dessas prioridades é se conectar, realmente, com nosso lado espiritual, com a energia e a magia Divinas. Para isso, prepare este banho incrível e garanta a conexão com o poder Divino!

**INGREDIENTES**
- 2 litros de água
- Um punhado de folhas de lavanda (promove a limpeza energética e a conexão espiritual com o universo Divino)

**COMO FAZER**
Prepare um maravilhoso chá com as folhas de lavanda. Deixe amornar. Coe. Banhe-se do pescoço para baixo após seu banho higiênico. Durma com o banho. Jogue o que sobrar da erva na natureza ou no lixo comum, conforme sua preferência.

**QUANDO FAZER**
Segundas-feiras.

## Banho para aliviar sua mente e seus medos

Você sente medo de tudo? Sente pânico? Pavor? Vamos mudar essa energia com este maravilhoso banho tranquilizante que vai aliviar sua mente, seus medos, seus pavores.

É normal o ser humano sentir medo, mas não pavor de tudo. O medo, de certa forma, faz parte da nossa vida se bem dosado, no sentido de prudência. Mas, em excesso, a energia da vida deixa de funcionar. Então, mude já sua sintonia!

**INGREDIENTES**
- 2 litros de água
- Um punhado de erva-doce
- Um punhado de camomila
- 1 colher (sopa) de açúcar cristal

**COMO FAZER**
Ferva tudo por 3 minutos. Deixe amornar. Coe. Banhe-se do pescoço para baixo após seu banho higiênico. Durma com o banho.

**QUANDO FAZER**
No dia de sua preferência.

# PARA UMA CASA PROTEGIDA

# PARA UMA CASA PROTEGIDA

### Teste rápido para saber se sua casa tem encosto
- Você sente arrepios e calafrios do nada?
- Quando está sozinho em um ambiente, parece que está acompanhado de um ser invisível?
- Tem insônia?
- Sente que alguém está perseguindo você? Sente dores pelo corpo sem motivos?

Se respondeu a alguma dessas questões de maneira afirmativa, é bom calibrar a energia de sua casa!

### A energia de sua casa: desgrude encostos dos azulejos e batentes!

O padrão vibratório de uma casa tem relação direta com a energia e o estado de espírito de seus moradores.

Tudo o que pensamos, falamos e sentimos fica impregnado em nossa casa. O corpo é nossa primeira morada; a casa é a segunda. Assim como limpamos, nutrimos e cuidamos do corpo, temos que fazer o mesmo com nossa casa.

O banheiro, em especial o boxe do chuveiro, merece especial atenção. É ali que os espíritos sem luz mais ficam e também na cozinha, pois são ambientes frios, que mantêm as densidades cósmicas.

Evite gritar, brigar, agredir alguém dentro de casa. Para a paz reinar em seu lar, deixe a Bíblia aberta no Salmo 91, ore e peça a proteção de Deus.

Nada de bebedeiras, drogas ou palavrões. Se as pessoas da casa se afinarem com os anjos, certamente a vida será mais tranquila e a prosperidade acontecerá.

Por fim, não abra mão do Ritual Azul para limpar seu lar de energias negativas, encostos e obsessores.

Para isso, basta reservar 2 litros de água. Coloque dentro da água gotas de anilina (líquido) ou uma pedra de anil. Misture tudo muito bem. Após a limpeza geral, pegue um pano, molhe na água de anil e passe em toda a casa de dentro para fora. Não se esqueça dos batentes das portas, azulejos e locais frios, pois é exatamente aí que ficam as energias negativas, os encostos. Você pode fazer esse ritual toda segunda-feira.

**Nunca é demais lembrar:**
- Tenha sempre pensamentos positivos, jogando para longe ideias destrutivas e vibrações ruins.
- Tenha em mente que os espíritos de luz só se aproximam de quem potencializa ideias positivas.
- Jamais acumule objetos antigos e sem utilidade. Renove o ambiente de sua casa, limpe todos os cantos, conserve tudo sempre arejado, claro, doe tudo o que não for mais ser usado, principalmente aquilo que pertenceu a pessoas desencarnadas.
- Para energizar o ambiente, é importante prestar atenção a quatro palavras: preparação, purificação, inovação e preservação. Com elas colocadas em prática, sua vida vai melhorar.
- Se a soma dos dígitos da casa ou edifício resulta no número 6, espiritualmente falando há maior propensão a encrencas no ambiente, mais discussões, brigas, desentendimentos. É preciso ter alguns cuidados: Bíblia aberta nos Salmos 66 e 91. Orai e vigiai mais ainda!
- Cuidado com o que se fala em uma casa 6, pois as palavras potencializam ainda mais sua concretização. Se você falar 3 vezes um pensamento, uma ideia, isso se concretiza junto ao astral. Se deseja efetivar algo, então repita 3 vezes somente boas coisas, especialmente na casa 6.

## Dicas para proteger o ambiente

**Pedra bate e volta:** as lavas de um vulcão simbolizam o senhor das trevas, e as rachaduras simbolizam as senhoras das trevas. A partir disso, você tem essa pedra, que com a energia vulcânica  protege e devolve para o universo todas as energias escuras e maléficas que alguém venha a emitir. Parecida com uma vassourinha, "varre" o mal de sua vida se usada com critério e respeito.

Para proteger sua casa dos maus espíritos e vibrações negativas, você pode colocar essa pedra na porta de entrada. É uma vassourinha para tirar todo o mal de sua vida e de seu lar. Se sua casa tiver duas entradas, é preciso colocar uma pedra em cada entrada.

**Espelhos em casa:** é legal ter dois espelhos (parte lateral) no corredor de entrada da casa. Quando as pessoas passarem entre os espelhos, toda a energia negativa, seja maldade ou inveja será refletida nos espelhos e anulada ali mesmo.

**Plantas para ter em casa para proteção e limpeza energética:** um pé de café, boldo e arruda. Você pode deixá-los no chão da sala ou na entrada da casa para que as plantas possam retirar todas as energias eletromagnéticas negativas de seu lar.

**Para limpeza energética da aura:** macere 10 folhas de boldo (erva que simboliza a paz de Jesus) em 2 litros de água (temperatura ambiente) e banhe-se da cabeça aos pés uma vez por semana (sextas-feiras).

**Contra pragas, palavras malditas das pessoas:** ore o Salmo 66 diariamente para que as pessoas não te amaldiçoem com palavras negativas. Os patrões, principalmente, costumam receber muitas pragas de seus funcionários.

**Cheiro de lodo, lama em casa (simboliza a vovó, a velhice, pessoa mais velha):** normalmente é maldição de mulher. É aconselhável pedir para rezar 16 missas para todas as mulheres desencarnadas da família (avó, bisavó etc.).

**Para eliminar larvas astrais, almas trevosas, miasmas do lar:** uma vez por mês ou uma vez por semana (segunda-feira até meio-dia), faça um suco de limão e coe. Em seguida, despeje um pouco em todos os buracos da casa (ralos, vasos sanitários, pias etc.). Espiritualmente falando, esta dica é mil para todas as casas!

Para limpeza energética do ambiente é legal passar água de limão sobre todo o chão da casa ou do comércio e em seguida água de anil.

**Água de anil juntamente com arnica:** ótima para passar no chão, nos batentes e nas folhas das portas da casa, nos azulejos para afastar encostos do lar.

**Mamona (planta dos trevosos):** para quem está com macumba, é necessário fazer o banho de assento de mamona para afastar os maus espíritos, as vibrações ruins. Para isso, basta macerar uma folha de mamona grande ou duas pequenas em 2 litros de água (morna) e fazer o banho de assento por 5 minutos (todas as segundas e quartas-feiras). Não é aconselhável ter pé de mamona em casa, já que é a planta dos trevosos, como já dito.

**Sentir calafrios ao entrar em casa:** talvez seja um sinal de algum morto presente na casa que ainda não foi embora. Para isso, é interessante pedir para rezar 16 missas para todos os mortos da residência para que eles sejam encaminhados à luz.

**Desentendimentos entre casal, entre as pessoas da casa:** se for um relacionamento que não esteja dando certo, é necessário um diálogo, talvez até mesmo a separação (se o casal não se amar mais) e fazer a Hora da Misericórdia (amor + perdão). Chega de vampirismo entre as pessoas!

**Pedra selenita (sal grosso das pedras):** deixe essa pedra como enfeite em sua sala para afastar as más vibrações. É mil!

## 7 plantas que afastam maus espíritos de sua casa

Quais são as 7 plantas que tiram os espíritos zombeteiros de sua casa e afastam os inimigos espirituais, por exemplo, os invejosos?

### 1. Comigo-ninguém-pode
Esta planta afasta a magia negra e todos os espíritos maléficos. Deixe um vaso bacana na sala, coloque-o sobre um móvel. Cuidado com as crianças e animais de estimação, pois ela é venenosa.

O comigo-ninguém-pode cuida da vida material e também afasta a energia da inveja, do mau-olhado, do olho gordo.

### 2. Espada-de-são-jorge
Coloque um vaso na entrada de sua residência. Ela bate, "chicoteia" as almas trevosas e não as deixa entrar em seu lar. Uma planta excelente contra as más vibrações. Protege também sua casa contra a inveja e atenua os estados de angústia e depressão. Atrai coragem e prosperidade.

### 3. Lírio-da-paz

Coloque um vaso nos banheiros, embaixo da pia ou próximo da privada. Se o lírio murchar, morrer, é porque o ambiente tem defunto e ele sugou toda a energia da planta.

Essa é uma planta muito bonita, atrai paz para o ambiente, remove os obstáculos e traz energia positiva para os moradores, limpando também a energia dos eletroeletrônicos e vibrações negativas oriundas de ralos e esgotos.

### 4. Manjericão

Plante alguns pés em um vaso e coloque-o no quarto ou na sala, pois essa erva afasta espíritos tristes e depressivos. O manjericão é considerado a erva da harmonia e traz alegria para todos da família, sendo um agente pacificador, promovendo paz de espírito a todos.

### 5. Alecrim

É ótimo ter um vaso de alecrim sobre a geladeira ou em algum lugar da cozinha, pois afasta espíritos zombeteiros. É considerada a "erva da alegria", pois suas propriedades trazem bem-estar, odor agradável aos ambientes, além de ser excelente condimento no preparo de variados pratos na culinária.

### 6. Guiné

A guiné afasta almas inimigas de vidas passadas, os obsessores que têm ódio da pessoa. Não deixe em outro lugar que não seja o banheiro. A guiné tem o poder de criar um "campo de força", de proteção ao ambiente, bloqueando assim as energias negativas e emitindo vibrações otimistas. Ela também atrai a energia da felicidade e da sorte para as pessoas da casa.

## 7. Arruda
A arruda afasta as pessoas invejosas de sua vida, mortas ou vivas. Considerada uma das ervas mais poderosas contra inveja e o olho-gordo, já era conhecida e usada na antiga Grécia e em Roma, tendo sido popularizada no Brasil pelas escravas na época da colonização.

Ela afasta de sua família a energia vermelha da inveja. A inveja significa que alguém está triste com sua alegria, e é pior que a macumba. Deixe a planta na sala ou no quarto. A arruda também emite vibrações de prosperidade e entusiasmo.

## A decoração e a limpeza ajudam a mandar embora de nossa casa as energias negativas

Mau-olhado, pensamentos ruins, sentimentos desagradáveis, ideias pessimistas, pragas rogadas... não só as pessoas, mas as casas também podem ser alvo dessas energias maléficas. Afinal, tudo é energia que nós carregamos para lá e para cá, e a vibração energética estará sempre presente com o poder de troca. A limpeza e a decoração podem ser aliadas na luta contra o mal.

### 1. Decoração do seu jeito!
Decore sua casa com os mimos que te façam feliz. É isso mesmo! É você quem determina o que deve ornamentar o lar, de acordo com seu eu interior, seus desejos. Respeite seu jeito de ser, sua intuição e se deixe levar pela alegria de viver.

### 2. Limpeza dos ambientes
Nada de bagunça em casa! Sempre deixe os ambientes limpos, organizados, de forma que todos se sintam bem. Ambiente sujo, bagunçado, desorganizado, com lixo espalhado, entregue às traças, saiba que encostos adoram isso. Portanto, mãos à obra para afastar as más energias de seu lar.

Fique atento a tudo aquilo que esteja quebrado, trincado. Mantenha seus pertences na mais perfeita ordem, conforme suas possibilidades e planos, assim as energias positivas se farão sempre presentes!

### 3. Luz e ar renovado purificam os ambientes
Abra as janelas todos os dias, deixe a luz solar entrar, o ar percorrer a casa: é a troca da energia estagnada pela energia renovada. Os raios solares e o ar renovado purificam os ambientes, além de serem energias Divinas contra os maus fluidos.

### 4. Oração: presente Divino para seu lar!
No momento em que você estiver fazendo a limpeza, agradeça aos céus por tudo, ore um pai-nosso, uma ave-maria ou até mesmo leia o Salmo 91 em voz alta para que a paz de Deus reine em seu lar, sobre sua família.

### 5. A magia dos aplausos pelos cantos da casa
Se você sente energias estranhas ou pesadas em seu lar, vá para os cantos de cada ambiente e bata palmas com alegria no coração e pensamentos positivos. Ofereça aplausos e sinta a mudança de energia. Logo as ondas sonoras dos aplausos, juntamente com suas boas intenções, afastarão as más energias impregnadas naquele espaço.

### 6. Uma boa dose de amor
Ame seu lar, sua casa, desfrute dos bons momentos com sua família, seus amigos e bons pensamentos. Reserve sempre um tempo para investir em atividades prazerosas em sua própria casa, seja grato por tudo e o universo lhe enviará somente energias positivas.

### 7. Água benta ou energizada pela corrente médica do Dr. Bezerra de Menezes!
A água benta de igreja ou a água energizada pela corrente médica do Dr. Bezerra de Menezes são verdadeiros remédios espirituais

para combater as más energias dos ambientes em seu lar. Basta borrifar a água em todos os ambientes diariamente.

Ainda não sabe como preparar a água energizada do Dr. Bezerra de Menezes? Confira:

Todas as segundas, quartas e sextas-feiras, coloque um copo com água (ou uma garrafinha de meio litro) sobre a cabeceira da cama ou lugar próximo. Antes de dormir, faça o seguinte pedido, com muita fé:

> *"Que a corrente médica do Dr. Bezerra de Menezes coloque nesta água o remédio necessário para o equilíbrio do meu corpo e da minha alma."*

Na manhã seguinte, tome 3 goles dessa água sem colocar os pés no chão. Passe o restante na parte de seu corpo onde estiver com problema (perna, braço, cabeça).

## 8. Salsinha sagrada para limpeza astral da casa!

A salsinha é muito especial. É rica em vitaminas, fortalece o fígado e é ótima para combater a cirrose. Seu suco estimula o metabolismo e o bom funcionamento das glândulas e suas folhas contêm substâncias que previnem o câncer.

Para proteção espiritual, uma vez por mês (segunda-feira em qualquer horário) devemos pegar um maço de salsinha com a mão direita, bater três vezes em todos os batentes das portas (de dentro para fora da casa), orando em voz alta o pai-nosso com muita fé, e pedir para que a limpeza astral seja feita.

Ao sair da casa, pique (bem picadinho) o maço de salsinha, coloque em um saco de lixo, amarre-o bem e jogue-o no lixo comum. Atenção: não devemos voltar com a salsinha para dentro de casa, pois ela estará carregando todas as energias negativas que limpou.

## Por que muitos desencarnados voltam para casa?

Uma coisa é certa: um dia, cada um de nós vai morrer. É isso mesmo, pessoal! Não é novidade para ninguém e é uma certeza para todos!

Segundo a visão espiritual, a morte não existe, é apenas uma transição para um caminho infinito, repleto de novas possibilidades. É lógico que vai ocorrer a destruição de nosso corpo físico, biológico, mas o espírito continuará vivíssimo.

Saiba que nosso espírito está constantemente em processo de evolução, progresso espiritual, renovação de energias, de sabedoria, novos aprendizados. Uma forma inteligente de reforçar todo esse processo de transformação é mudar ambientes e projetos de vida.

Certamente, no momento em que perdemos alguém que amamos muito, não entendemos bem como é esse processo evolutivo e nos esquecemos de que ele faz parte da vida de todos os seres humanos. A dor é imensurável, já que perdemos a presença física da pessoa. É a dor da saudade. São reações naturais, afinal, vivemos nosso dia a dia interagindo com as pessoas queridas.

Sabendo que a morte é uma transição, não há por que temê-la. Ela é um processo natural da vida, assim como engatinhar, andar, aprender a comer sozinho. A vida corporal é efêmera, passageira. Já nossa alma é imortal.

Infelizmente, muitas pessoas não pensam dessa forma. Aqui eu me refiro às pessoas que se vão, ou seja, que desencarnam, e aos parentes que ficam. Mas como assim?

Nós não morremos definitivamente, mas continuamos com a vida do espírito em ação no plano espiritual, ao qual pertencemos de fato. Se as pessoas não têm essa visão espiritual, certamente aqueles que ficaram chamarão o desencarnado por forças mentais e ele, por consequência, também sem entender a morte, vai atender aos pedidos de seus parentes ou amigos.

A partir daí, a confusão está feita! Em vez de o desencarnado ir embora, desligar-se do mundo material e seguir em frente, ele fica preso à família e aos amigos, sem se dar conta de que não está vivo fisicamente. Muitos desses indivíduos se tornam nossos encostos ou, às vezes, até mesmo espíritos obsessores. Cada caso é um caso.

Nós, espíritas, ouvimos muitos relatos em sessões mediúnicas sobre isso. Pessoas que desencarnam, mas que permanecem na família em virtude dos chamados, acabam presenciando disputas pelos bens materiais, brigas, discussões. Elas tentam se comunicar com os parentes e não conseguem, porque não podem ser vistas, e por aí vai.

É muito sofrimento para todos! Para os que ficaram e para quem se foi! Gente, é realmente difícil perder alguém, mas vamos nos policiar quanto a isso! Vamos orar mais para quem se foi, desejar-lhe paz, luz, sabedoria, por intermédio dos Benfeitores Espirituais, para que o desencarnado entenda e aceite a morte como parte de seu processo evolutivo. Chega de ficar chamando os mortos. Eles vão para outra dimensão, e a vida continua. E mais: vamos orar por nós mesmos com mais fé e determinação para que a luz Divina nos purifique com paz, amor e conhecimento. Vamos orar para entender melhor o significado dessa passagem ao plano espiritual.

Agindo dessa forma, tudo flui melhor em nossa vida! Vamos nutrir nossa alma com paz, amor, alegria, e com a consciência de que estamos por aqui somente de passagem e que amanhã poderemos não estar mais, mas felizes porque fizemos nosso melhor! Pense nisso com carinho!

## A magia da vassoura

Quem é que não tem uma vassoura em casa?

A primeira vassoura surgiu antes de 1800. Elas eram feitas à mão, em casa mesmo. As pessoas usavam galhos de árvores e arbustos para varrer o chão e para limpar as cinzas das lareiras. Em outros momentos, as vassouras eram feitas amarrando palhas, bons ramos ou cascas de milho em uma vara ou cabo de ferro.

Você sabia que a maneira de usar a vassoura pode influenciar diretamente na circulação de energia de sua casa? Preste atenção a estas dicas:

- A vassoura deve ser usada apenas durante o dia, até as 18 horas. Respeite esse limite do horário da varredura sagrada. Nada de fazer faxina depois desse horário. Não se deve usar a vassoura durante a noite.
- Se mudar de casa, compre uma vassoura nova. Não leve a velha, pois você correrá o risco de atrair energias negativas para sua nova residência. Isso também vale para os produtos de limpeza.
- Para afastar os maus fluidos das paredes e do piso de sua casa, monte uma vassoura com galhos de guiné presos a uma fita. Varra todas as paredes de cima para baixo e, em seguida, todo o piso, de dentro para fora.
- Para atrair felicidade para sua vida, varra a casa de fora para dentro às segundas, quartas e sextas-feiras dizendo: "O que é bom fique melhor e que fique dentro da minha casa".
- Para eliminar o indesejado de sua vida, às terças, quintas e sábados varra a casa de dentro para fora dizendo: "O que tiver de ruim eu ponho para a rua".
- Sempre é bom deixar um pouco de pó num cantinho da casa onde termina a varredura, pois ele ajuda a mandar embora as pessoas indesejadas. Se você passar um pouco desse pó nas costas de uma visita inconveniente, ela vai embora rapidinho.
- Para espantar uma visita desagradável, você também pode deixar a vassoura pendurada de ponta-cabeça atrás da porta de entrada da casa.

- Jamais deixe a vassoura deitada atrás da porta. Isso atrapalha a fluidez e deixa a vida cheia de obstáculos.
- Para quem tem medo ou pesadelos, coloque a vassoura debaixo da cama, na altura da cabeça da pessoa. Isso trará mais tranquilidade e paz durante o sono.
- Na noite da virada do ano, aposente a vassoura velha. Compre uma nova em folha.
- Se você deseja *muito* renovar a sua vida, faça uma vassoura de palmeira. Passe-a em toda a casa e nas paredes em uma sexta-feira.
- Se você deseja abrir os caminhos e afastar os encostos de sua vida, faça uma vassoura de alecrim. Passe-a em toda a casa e nas paredes em uma quarta-feira.
- Se você deseja atrair novas amizades ou um amor para a sua vida, faça uma vassoura de citronela. Varra toda a casa e principalmente seu quarto em uma quarta-feira. Os anjos adoram citronela.
- Se você deseja atrair coragem, faça uma vassoura de chorão e passe em toda a casa uma vez por semana.
- Se você precisa eliminar a inveja de sua vida, faça uma vassoura de capim-limão e passe em toda a casa em uma segunda-feira.
- Se quer atrair tranquilidade, paz interior e uma boa noite de sono, faça uma vassoura de erva-cidreira e passe em seu quarto.
- Se deseja afastar as brigas de sua casa, faça uma vassoura de palmeira ou alecrim e passe nas paredes em uma segunda-feira.
- Se sua casa está com energias pesadas, faça uma vassoura de guiné e passe em todos os ambientes.
- Se alguém de sua família bebe, essa pessoa traz muitos encostos, então faça uma vassoura com ramos de alecrim, boldo e guiné e passe em toda a casa, principalmente no quarto da pessoa, às sextas-feiras.
- Jamais dê sua vassoura para outra pessoa.

Vale lembrar que, para montar uma vassoura em casa, basta tirar a parte sintética de uma das suas vassouras e amarrar a erva ou a planta no suporte que sobrar. Antes, limpe a casa normalmente. Depois, passe a vassoura que você fez, levando a sério a limpeza espiritual. Vale muito a pena para espantar a negatividade.

## A casa ajuda sua vida a fluir bem

As pessoas sempre me perguntam o que fazer para que a vida flua melhor em todos os campos: pessoal, profissional, amoroso e financeiro. Existem, sim, algumas dicas para que o sucesso bata a nossa porta. Separei aqui 10 dicas rápidas, práticas e superfáceis de fazer. Vamos a elas?

**1.** Elimine de sua casa e de sua vida tudo o que não usa. Tralhas guardadas no porão bloqueiam a energia da casa; bugigangas em cima dos armários provocam dor de cabeça, portanto se desfaça agora mesmo delas. Venda, doe, libere espaço para o novo. Calcinhas, meias-calças, roupas, objetos antigos, sapatos, meias, vestido de noiva, cartas antigas, revistas, jornais, delete tudo o que estiver fora de uso.
**2.** Não coloque sapatos ou caixas debaixo da cama. Isso atrasa e empurra sua vida para baixo. O ideal é tirar os sapatos antes de entrar em casa e nunca andar com eles dentro de seu lar.
**3.** Um truque maravilhoso antes de pintar as paredes de casa é dar uma primeira demão de cal antes da tinta. A cal elimina as energias negativas. Se tiver árvores no quintal, pinte até a metade dos caules com cal e os assediadores de plantas ficarão longe.
**4.** Não deixe lixo ou entulho na porta ou no portão de casa. Eles impedem que seu dinheiro renda.

**5.** Coloque sempre as plantas do lado esquerdo (de quem entra) da sala, da cozinha e do quintal.
**6.** Conserte todos os problemas de encanamento. Vazamentos e goteiras atraem encostos.
**7.** Nada de lâmpadas quebradas ou queimadas em casa. Os mortos adoram os ambientes escuros. Sempre mantenha as lâmpadas funcionando e limpas.
**8.** Mofo, bolor e rachaduras são sinais de morto no local. Os moradores da casa ficam agitados e perturbados diante desses aspectos. Mantenha o espaço limpo e arejado.
**9.** Não coloque o fogão na frente da geladeira, para evitar o choque entre quente e frio.
**10.** Caso você tenha sofá ou algum móvel de cor marrom, passe anil nele. Se o sofá for de corino, por exemplo, passe um pano molhado com água e anil. Outra coisa: evite deixar o sofá de costas para a porta.

## 5 dicas de cromoterapia para seu dia a dia

Você sabia que o universo das cores tem muito a dizer em relação aos nossos desejos? Confira estas dicas e use as cores a seu favor em casa. E, claro, abuse delas nas roupas, calçados, acessórios, maquiagem...

### 1. Amarelo, vermelho e laranja
Se você precisa se comunicar mais com as pessoas a sua volta, ser mais receptivo ou se tem necessidade de impressionar alguém com um projeto, por exemplo, aposte nessas cores, pois elas potencializam a energia da vitalidade, atitude, ousadia e comunicação.

## 2. Azul
Se você acorda irritado, de mau humor, se está estressado, use e abuse dessa cor para acalmar, em primeiro lugar, suas emoções. Depois, reserve um tempo em seu dia para pensar nas soluções possíveis para seus problemas e escreva-as em um papel. Nos próximos dias, reflita sobre as ações que precisa colocar em prática para solucionar as questões com mais tranquilidade e sabedoria.

## 3. Verde
Você se sente energeticamente desequilibrado? Invista nessa cor para potencializar a energia da harmonia, do equilíbrio, da renovação vibracional. O verde acalma seu corpo, sua mente e seu espírito.

## 4. Branco e rosa
Se você está enfrentando conflitos emocionais, este é o momento de apostar nessas cores, já que elas nos transmitem um sentimento de paz, limpeza espiritual, além de desabrochar nosso sentimento de amor, ternura, delicadeza e suavidade.

## 5. Violeta ou lilás
Se você sente necessidade de se conectar com o universo superior, com as energias celestiais, com a brandura espiritual, aposte nessas cores. Elas vão atrair a energia Divina para sua essência.

## Simpatia xamânica para limpeza energética de sua casa ou empresa
Se você anda desanimado, triste, com dificuldades para permanecer em casa, sempre há intrigas e desentendimentos entre os familiares, seu negócio está perdendo clientes, esse é o momento de preparar uma limpeza energética no ambiente de sua casa ou até

mesmo em sua empresa. Para isso, conte com a magia desta maravilhosa simpatia xamânica! É o poder Xamã limpando seu espaço!

**INGREDIENTES**
- Um vaso de 7 ervas (espada-de-são-jorge, pimenta, manjericão, arruda, guiné, alecrim e comigo-ninguém-pode)
- Um arco e flecha (compra-se nas casas de Umbanda)
- Música xamânica

**COMO FAZER**
Primeiramente, coloque uma música ambiente xamânica. Em seguida, pegue o vaso de 7 ervas e vá circulando por toda a casa ou empresa ouvindo a música com tranquilidade e harmonia em sua alma. Ao terminar, coloque o vaso em um canto e deixe o arco e a flecha ao lado dele. O poder Xamã vai limpar energeticamente toda a área!

**QUANDO FAZER**
No primeiro dia de lua cheia, no horário de sua preferência.

# VEM, SUCESSO! VEM, DINHEIRO!

**Você é próspero?**
Você se sente feliz? Bem-sucedido? Afortunado? Quando você pensa em sua vida, sente que está em ascensão? Sente que a fase é boa? Tem bons amigos, saúde e dinheiro? Se a maior parte das duas resposta foi sim, você deve continuar assim, você tem uma vida próspera. Caso contrário, você está com dificuldades de alcançar a prosperidade. Então, eis algumas dicas para que a fartura chegue:

**1.** Acredite em você e em tudo que realiza.
**2.** Não se prenda as suas opiniões, pois tudo muda a toda hora.
**3.** Faça tudo com amor, respeite seus sentimentos, não aja pensando em agradar aos outros.
**4.** Respeite sua vocação, ou seja, se você é arquiteto, mas gosta de atuar, vá em busca de seu sonho!
**5.** Espelhe-se sempre nos melhores. Não dê atenção para a pobreza e a desgraça do mundo.
**6.** Jogue para o universo apenas o bom e o belo. Tudo que pensamos, valorizamos e falamos atraímos para nossa vida.
**7.** Libere todas as suas emoções!
**8.** Não veja seu trabalho como sobrevivência, é nele que você vive a maior grande parte de seu tempo. Por isso não se prenda ao que não gosta, faça o que ama e seja o melhor!
**9.** Não sinta culpa e nem se recrimine por não conseguir agradar os outros.
**10.** Saiba que errar faz parte e não tenha medo, pois é errando que se aprende e que se acerta!
**11.** Nossa sorte depende de nós. Creia no invisível, no Divino e em si mesmo.

**12.** Siga em paz entre o ruído e a pressa. Na paz interior está a solução.
**13.** Sem se render, esteja bem com todas as pessoas.
**14.** Diga sempre sua verdade com alma, clareza e misericórdia.
**15.** Não se compare aos outros para não se tornar amargo. Você é único, não importa se existe alguém melhor do que você.
**16.** Esteja sempre envolvido e interessado em sua profissão, por mais humilde que seja, pois assim você será reconhecido.
**17.** Seja sempre sincero, seja você mesmo, não finja nenhum sentimento.
**18.** Compreenda sempre os mais jovens e aprenda com os mais velhos.
**19.** Acredite sempre no Universo! Permaneça em paz e agradeça a Deus! Mantenha a alma em harmonia e equilíbrio no meio da agitação da vida.

## Para conquistar uma vida mais próspera

- Algo não funciona em sua casa? Doe ou leve para um local de reciclagem e substitua o objeto por um novo.
- Nada de deixar lixo espalhado pela casa. Compre lixeiras e as distribua em cada ambiente.
- Dê uma boa olhada nas gavetas de roupas e doe as peças que não usa mais.
- Organize seu armário: blusa com blusa, cor com cor. Assim ficará mais fácil na hora da procura.
- Todas as segundas-feiras, jogue fora os papéis que não utiliza mais. Faça uma faxina em sua bolsa e na superfície dos móveis.
- Todo dia 1o recolha o que está quebrado e dê um destino aos objetos: conserte ou jogue fora.
- Limpe o armário da cozinha e organize as louças.
- Não deixe de cuidar de você. Faça exercícios físicos.

- Tenha pensamentos positivos.
- Tire de sua vida a energia da mágoa, raiva ou ódio.
- Controle sua ansiedade.
- Valorize o bom humor.
- Esqueça o passado, viva o presente.
- Perdoe. Quanto mais perdoamos, mais magros ficamos.
- Não viva a vida dos outros: preocupe-se com a sua.
- Realize novos projetos, mas nunca antes de terminar os outros.
- Contemple a natureza pelo menos uma vez por semana. Sinta o cheiro da grama, abrace as plantas.
- Termine sempre as tarefas caseiras iniciadas, mesmo que demore.

## Ritual da cebola para emprego

### INGREDIENTES
- 1 vasilha de vidro
- 1 cebola roxa com casca
- 1 caneta azul
- 1 folha de sulfite
- 1 fita branca
- Óleo de cozinha

### COMO FAZER

Pegue a cebola e abra-a ao meio. Escreva seu nome completo em um pedaço de papel junto com os seguintes dizeres: "Quero meu emprego urgente no astral".

Coloque esse papel no meio da cebola. Amarre a cebola com a fita branca (dê três nós). Coloque-a na vasilha de vidro. Cubra com óleo de cozinha. Deixe a vasilha à mostra e olhe para ela todos os dias mentalizando seu emprego. Assim que conseguir, jogue tudo em água corrente.

**QUANDO FAZER**

Faça no primeiro dia de lua nova. Faça o ritual com carinho e muita fé.

## Como vencer na vida

A felicidade, tanto na vida profissional como na pessoal, depende das escolhas que você faz. As decisões não mudam nossa vida, mas as atitudes, sim. Não adianta nada decidir algo e não colocar a decisão em prática. A vida não é teoria: é prática! Vamos conhecer 10 atitudes para alcançar o sucesso.

**1.** Seja humilde: ser humilde não é acreditar que somos menos do que os outros; ser humilde é saber que não somos mais do que ninguém.
**2.** Tenha paciência: paciência é uma arma fundamental para qualquer vencedor. Somos seres interdependentes. Isso quer dizer que dependemos uns dos outros sempre. Então, seja paciente e espere o tempo certo para as coisas acontecerem.
**3.** Desenvolva atitudes vencedoras: elas nos fazem crescer e transformam nossas dificuldades em oportunidades. Para modificar sua vida, mude de atitude diante dos fatos.
**4.** Seja organizado: hoje em dia, tempo disponível virou luxo! Por isso, ser organizado ajuda muito. Na falta de organização, você desperdiça tempo e dinheiro.
**5.** Não saia do foco: a facilidade de acesso à informação nos deixa loucos de tanta oportunidade. Mas defina uma opção e mantenha o foco nessa ação sempre.
**6.** Tenha autoconfiança: acredite, você tem potencial. Habilidade e talento são diferentes. Talento é dom, a pessoa já nasce com ele. Habilidade se adquire com muita prática, com muita dedicação. Se você se dedicar e acreditar em seu potencial, ninguém te segura.

**7.** Seja comprometido: comprometimento é uma das palavras-chave para o progresso, tanto pessoal como profissional. Esteja sempre inteiro no que você se propõe fazer.
**8.** Haja com persistência: insista naquilo que vale a pena, esteja focado e vá até o final. As barreiras aparecem, mas elas existem para serem quebradas. Mesmo se der um desânimo, não desista de seus sonhos.
**9.** Seja tolerante: hoje em dia, as pessoas estão mais estressadas e falam besteiras por nada. Dê sempre uma segunda chance para que o outro mostre que merece sua confiança.
**10.** Seja leal: lealdade é um princípio básico para qualquer ser humano. Seja leal e terá sempre pessoas junto a você.

## Muito dourado! Dicas de prosperidade para seu negócio ou ambiente de trabalho

### 1. Faxina e organização são essenciais
Saiba que a poeira, a sujeira e a falta de organização significam energias estagnadas, ou seja, paradas. Portanto, deixe o ambiente sempre limpo, arejado, arrumado (mesa, gavetas, armários) e se desfaça de tudo que não vai mais usar. Faça também uma faxina em seus contatos das redes sociais.

### 2. Objetos dourados
Tenha sempre em sua mesa objetos dourados, pois eles atraem a energia da abundância, riqueza, fartura e prosperidade.

### 3. Energia das flores
As flores amarelas simbolizam a energia da prosperidade e da sorte, elevam a autoestima e proporcionam uma comunicação alegre, além de estimularem a memória. Um girassol no ambiente de trabalho é uma boa pedida.

Se você está bocejando demais ou se sente cansado sem motivo aparente, isso é sinal de que você está sendo sugado por energias externas nada boas. Para combater esses incômodos, tenha sempre flores brancas ou vermelhas sobre sua mesa, além de se proteger com orações diariamente. Por exemplo: Salmos 23, 66 e 91.

### 4. Fotos
Uma foto bastante significativa para você, como uma premiação recebida ou seu esporte preferido, são fontes de energias prósperas e fazem diferença ao estar em sua mesa.

### 5. Computador
Como proteção de tela de seu notebook ou computador, salve imagens alegres, coloridas, que inspirem bem-estar para sua alma. Isso também favorecerá a atração das energias de sucesso.

### 6. A mesa no ambiente de trabalho
Não deixe sua mesa de costas para a entrada e sim de frente para a porta, de modo que você veja quem está passando por ela. Para neutralizar as energias negativas, o estresse e o nervosismo, coloque uma bola de cristal sobre a mesa. Evite também sentar de costas para a janela.

### 7. Porta de entrada
Um sino de vento com som suave e harmonioso ativará bons negócios, além de dispersar as más vibrações. Evite os sinos de pedra.

Junto à porta de entrada, você pode colocar uma fonte de água ou um aquário de peixes, pois o elemento água no local de trabalho atrairá prosperidade em suas intenções e negócios.

Se possível, tenha um vaso de espada-de-são-jorge próximo à porta de entrada de sua empresa ou sala (lado de fora) para cortar as más energias das pessoas invejosas.

## Simpatia para atrair clientes

**INGREDIENTES**
- Uma vasilha de vidro ou louça
- 7 punhados de arroz
- 7 dentes de alho
- 7 punhados de sal grosso

**COMO FAZER**
Coloque os ingredientes dentro da vasilha na ordem em que estão descritos. Deixe em seu comércio, em local alto, por tempo indeterminado.

## Dicas astrais para atrair um novo emprego

Além de ter sempre muita fé, determinação e paciência em sua caminhada, siga estas dicas se estiver procurando emprego:

- Mantenha o pensamento positivo, o padrão vibratório elevado, em constante vigilância com seus sentimentos.
- Evite usar roupas de cor marrom, vermelha e laranja no dia da entrevista. Prefira o branco, amarelo, mostarda ou salmão.
- Evite usar joias douradas. Opte por pedras como rubi ou ônix.
- Ore 12 vezes o pai-nosso em oferecimento a São Pedro, às quartas-feiras, e peça com fé seu emprego ao astral.
- Leia também, em voz alta, 3 vezes ao dia, o Salmo 23 e peça seu emprego ao astral.
- No dia da entrevista, apresente-se sempre com uma postura calma, tranquila. Isso fará muita diferença e despertará a simpatia do entrevistador.
- Mostre seus diferenciais na entrevista. O bom profissional não faz apenas o necessário, mas demonstra um pouco mais

de suas habilidades. Mas lembre de ser verdadeiro em suas respostas.
- Ótimo dia para procura de emprego: terça-feira. Aproveite e coma feijão-preto, abacaxi, milho com mel e farinha de mandioca.
- Sementes de girassol e alimentos como canela em pó, banana-da-terra, pão, amendoim, arroz, melão, boldo, manjericão e alface (no mínimo 5 folhas) simbolizam dinheiro e prosperidade. Então, tenha tudo isso em casa.
- Tome um banho de sal grosso do pescoço para baixo após seu banho higiênico, antes de ir à entrevista. Tome um chá de louro ou alecrim. Quando fazer: terça-feira.
- Tenha lírio-da-paz em casa para atrair paz, girassol para dinheiro e 5 roseiras no quintal: uma branca, uma rosa, uma amarela, uma vermelha e uma salmão. Essas flores trarão para você a energia da fartura e da abundância.

## Ritual para entrada de dinheiro

**INGREDIENTES**
- 2 litros de água
- 500 gramas de alpiste
- 1 colher (sopa) mel

**COMO FAZER**
Cozinhe 250 gramas nos 2 litros de água em por 5 minutos. Desligue o fogo e adicione o mel. Abafe por 7 minutos. Tome seu banho higiênico e, em seguida, jogue este banho do pescoço para baixo.

Enxágue e vá para o trabalho com mais 250 gramas de alpiste nas mãos. Saia jogando pelo caminho. O primeiro punhadinho deve ser jogado na porta de sua casa. Se você mora em apartamento, jogue na entrada do prédio e não do apartamento. O último deve ser jogado na entrada de seu trabalho.

**QUANDO FAZER**
Faça este ritual em uma terça-feira logo cedo.

## Pó do dinheiro

Este pó é para tornar seu rico dinheirinho muito mais forte e para que ele não pare de crescer nunca.

**INGREDIENTES**
- 1 colher (sopa) de canela
- 1 colher (sopa) de fermento
- 1 colher (sopa) de açúcar branco
- 1 colher (sopa) de alpiste

**COMO FAZER**
Em uma quinta-feira de lua cheia, misture todos os ingredientes em um potinho de madeira. Com as mãos sobre este pó, ore o Salmo 23 em voz alta e deixe sob o potinho uma nota qualquer do dinheiro vigente durante todo o dia. Na sexta-feira, enrole a nota e coloque-a em sua carteira.

O que fazer com o potinho? Dê algumas pitadas de seu conteúdo em sua carteira, em seu local de trabalho, nos seus currículos, cheques, projetos e em tudo que puder te trazer dinheiro.

## Banho de alecrim com canela: alegria e dinheiro

O alecrim é uma erva bastante valiosa, que faz parte de algumas tradições religiosas. Ele purifica o campo energético, o organismo, nos protege de diversos males e também nos proporciona saúde mental por meio dos banhos e chás.

Além de tudo isso, o alecrim é conhecido como "erva da alegria", portanto vai ajudar a elevar sua autoestima, seu padrão vibratório.

Já a canela é uma das especiarias mais antigas de que se tem registro. Ela já foi tão valorizada que era considerada um presente para monarcas e outros dignitários. Legal, né?

A canela possui, sim, atributos mágicos: poder de cura, atração de dinheiro e emprego, proteção física, espiritual, ímã para o sucesso, prosperidade, bênçãos infinitas, saúde psíquica e outros benefícios.

Que tal contar com a magia da natureza para atrair abundância, saúde mental, autoestima elevada e proteção espiritual preparando este maravilhoso banho de alecrim com canela? Confira:

### INGREDIENTES
- 2 litros de água
- Um punhado de alecrim
- Um pedaço de canela em pau

### COMO FAZER
Prepare um chá de alecrim e coloque junto a canela em pau. Ferva tudo por uns 5 minutos. Deixe amornar e coe. Banhe-se do pescoço para baixo após seu banho higiênico. Não enxágue e durma.

### QUANDO FAZER
Terças-feiras.

# Banho de sol para limpeza energética e prosperidade

A energia do sol é sagrada, um recurso Divino da natureza que está disponível para todos nós. A magia solar traz vitalidade, fortalece nosso sistema imunológico e estimula nosso vigor pessoal e espiritual para tocarmos a vida.

Este banho é excelente para a limpeza energética do corpo e da aura, eliminando as energias negativas e, ao mesmo tempo, atraindo prosperidade.

### INGREDIENTES
- 1 litro de água
- 36 cravinhos-da-índia

### COMO FAZER
Coloque os cravinhos-da-índia na água. Deixe esse recipiente ao sol por 2 horas. Após esse tempo, macere bem os cravinhos-da-índia. Coe e reserve-os. Após seu banho higiênico, banhe-se do pescoço para baixo com a água preparada. Durma com o banho.

Quanto aos cravinhos-da-índia, deixe-os secar e mastigue-os devagarinho durante a semana. Uma dica valiosa para limpeza energética e prosperidade!

**ATENÇÃO:** Algumas pessoas são alérgicas ao cravo-da-índia. Se for seu caso, não o consuma: jogue os cravinhos na natureza. O consumo dos cravinhos-da-índia também é contraindicado para lactantes, para crianças menores de 6 anos e para pessoas com problemas gastrointestinais e doenças neurológicas. Na dúvida, consulte seu médico.

### QUANDO FAZER
Aos domingos.

# VEM, AMOR!

# VEM, AMOR!

**7 dicas para você atrair o verdadeiro amor para sua vida**

Quem é que não deseja atrair um amor verdadeiro? Amar e ser amado? Conquistar uma verdadeira paixão e compartilhar seus dias com muito amor, alegria e entusiasmo?

Então, fique ligado nestas 7 dicas:

**1. Saiba atrair o amor**
É muito simples: basta amar as pessoas a sua volta. Dê amor a elas sem pensar em nada em troca, ame tudo a seu redor, seu trabalho, seus familiares. Sendo assim, emanando amor para tudo e todos, você atrairá certamente muito amor para si. A lei do universo é clara: dar e receber.

**2. Imagine-se com seu amor verdadeiro nos braços**
É isso mesmo! Sinta o verdadeiro amor em seus braços, já conquistado, acredite nele, tenha fé de que já esteja presente, conforme suas afinidades e desejos. Quanto mais pensar assim, mais chances você terá de seu desejo se realizar.

**3. Aposte intensamente em sua autoconfiança**
Nada de dúvidas. Esteja certo de que seu verdadeiro amor virá e pronto. Tudo em que você acredita certamente se realizará. Já falamos por aqui que é você que constrói sua própria realidade. É pura física quântica! Então, construa com fé, confiança em si e se entusiasme com as oportunidades da vida.

**4. Esteja aberto, de coração, para o amor!**
Não fique com o coração apertado para amar, como se fosse uma obrigação para conquistar algo para si. Nada disso! Esteja aberto,

de coração, para o amor! Invista bastante no sentimento da gratidão, mesmo que as situações da vida não andem como você gostaria. Aposte mais em ser grato por tudo. Nada ocorre por acaso, em tudo há uma razão de ser.

### 5. Viva o tempo presente!
Esqueça de uma vez por todas seu passado, ou melhor, perdoe-o de coração e alma. Esta será a incrível solução para se dar bem no tempo presente. O que passou, passou. Anote os bons proveitos, curta as melhores lembranças e recordações e siga em frente sem medo de ser feliz.

### 6. Acredite em seus sonhos, em seus desejos
Não deixe seus sonhos e desejos amorosos somente escritos no papel ou sendo mero fruto de sua imaginação. Acredite neles, tenha coragem de esperar os melhores momentos que estão por vir, aposte, confie no universo Divino, dê a chance para que ele atue em sua vida e tudo já deu certo.

### 7. A prática do amor vale tudo!
Por fim, pratique diariamente o ato de amor em sua vida, em sua família, com pequenos gestos, palavras, aposte em suas intuições ao compartilhar o sentimento do amor, não tenha medo de amar ninguém nem nada deste mundo. Busque sempre formas diferentes de amar a si próprio e aos outros, pois qualquer gesto de amor é tudo de bom para sua essência Divina. Pense nisso.

## Dicas infalíveis para o primeiro encontro
O primeiro encontro gera uma expectativa grande. Sempre existe a possibilidade de ele ser o ponto de partida para um relacionamento bacana, duradouro e repleto de paixão.

Anote estas dicas para que seu primeiro encontro seja inesquecível:

**Mulher**
- Aposte na cor salmão para montar seu look. Essa cor remete ao amor, à paixão, ao romantismo. Cuidado para não exagerar na produção, afinal menos é mais. Opte sempre pela simplicidade e delicadeza.
- Use joias ou bijuterias douradas, pois elas demonstram sofisticação, trazem brilho e muita energia. Vibração positiva.
- Invista em perfumes doces para harmonizar o ambiente amoroso. Só não exagere muito.
- Usar esmalte cor-de-rosa é a melhor pedida. Essa cor é associada à magia feminina, ao amor, à sensualidade e a demonstrações de carinho, ternura e afeto.

**Homem**
- Aposte em uma camisa branca, que representa a paz e a pureza espiritual e sinaliza que você está, sim, aberto para o amor. Além disso, essa cor é infalível para manter a energia do otimismo no ar. A pureza do branco elucida, aclara as emoções, expande os bons pensamentos e sentimentos.
- Se usar terno, acrescente uma gravata prata, cinza ou azul, cores que remetem à tranquilidade, serenidade, estabilidade e inspiram modernidade.
- Invista em um perfume amadeirado. O aroma é bastante marcante, sensual e refinado, demonstrando bom gosto na escolha.
- Arrume bem o cabelo: ninguém merece se encontrar com um cara todo desgrenhado.

## Dicas de presentes para agradar seu par
(de acordo com o signo dele)

**Os arianos** são pessoas práticas, dinâmicas, impulsivas. Adoram aventuras. Dica: dê o presente logo de uma vez, sem rodeios, preferencialmente em uma embalagem prática, que não seja difícil de abrir. Homens: bicicleta, tênis de corrida. Mulheres: perfume cítrico, viagem exótica.

**Os taurinos** gostam de ganhar presentes que ofereçam conforto e sofisticação. Os nativos deste signo são tranquilos, carinhosos e amam objetos de qualidade. Apesar de apreciar novidades, eles não gostam de presentes descartáveis. Dica: capriche na escolha. Homens: carteira de couro, gravata de seda. Mulheres: joia, perfume, bombons.

**Os geminianos** ficam felizes com presentes que estimulam a mente, o intelecto e a curiosidade. São muito comunicativos, versáteis e apreciam tudo que é belo. Dica: dê o presente de forma descontraída, sem fazer cerimônia. Homens: assinatura de revista, viagem. Mulheres: livro (biografia), ingresso para show.

**Os cancerianos** valorizam muito a forma como se dá o presente, pois são pessoas muito românticas, sonhadoras e bastante maternais. Dica: demonstre carinho ao presentear este signo, pois o valor afetivo conta muito. Homens: máquina fotográfica. Mulheres: porta-retratos, quadro com a árvore genealógica da pessoa.

**Os leoninos** amam se sentir especiais e querem chamar a atenção por onde passam. São pessoas alegres, carinhosas e bastante afetuosas. Dica: prepare uma embalagem bonita, romântica, chamativa e exclusiva. Homens: livro sobre líderes. Mulheres: joia de ouro, roupão com monograma.

**Os virginianos** são pessoas críticas, perfeccionistas, seletivas, portanto gostam de presentes requintados. Os nativos deste signo dão valor à qualidade, mas também gostam de saber que o presente tem um significado afetivo. Dica: presenteie da forma mais natural possível e demonstre alegria ao fazê-lo. Homens: jogos de raciocínio. Mulheres: kit de manicure, chás, especiarias.

**Os librianos** são pessoas gentis e sofisticadas que apreciam presentes clássicos, de qualidade. Mas não faça muito alarde para que não se sintam constrangidos ao receber a surpresa. Dica: dê o presente com elegância e tranquilidade. Homens: livro de arte, biografia de alguém famoso. Mulheres: peça de decoração, livro de arte.

**Os escorpianos** são exóticos, intensos, sensuais. Adoram produtos originais, além de apreciarem uma dose de mistério. Portanto, surpreenda este nativo com uma boa dose de imaginação e criatividade. Dica: use e abuse de seu poder de sedução para presentear este signo. Homens: óculos escuros, livro de suspense. Mulheres: buquê de rosas vermelhas, viagem.

**Os sagitarianos** são pessoas extrovertidas e aventureiras que apreciam comidas exóticas e viagens com roteiros alegres e criativos. Dica: faça uma surpresa ao presentear este nativo — conte uma piada (boa), incremente a ocasião com alegria e otimismo. Homens: barraca de camping, câmera. Mulheres: viagem, jogo de malas, roupas importadas.

**Os capricornianos** são responsáveis, sérios, discretos e disciplinados, portanto adoram presentes práticos e úteis. Dica: seja discreto ao presentear este nativo. Homens: caixa de safra de vinho limitado, maleta para viagens de negócio. Mulheres: agenda, calça de alfaiataria, nécessaire.

**Os aquarianos** apreciam muito as novas tecnologias. São pessoas independentes, racionais e autênticas, portanto aposte em algo criativo. Dica: entregue o presente com muita espontaneidade. Homens: jogos eletrônicos, objetos de design arrojado. Mulheres: viagem, tablet, bolsa de grife.

**Os piscianos** têm uma visão muito romântica das pessoas e da vida. Eles adoram presentes significativos para o dia a dia e são muito emotivos ao recebê-los (não consideram o valor material da lembrança). Dica: demonstre seu carinho ao presentear este nativo convidando-o, por exemplo, para um passeio inesperado. Homens: instrumento musical, sapatos confortáveis, livro de autoajuda. Mulheres: curso de ioga, jantar romântico ao ar livre.

## Banho contra a inveja antes do casamento

Se você já conquistou seu amor e vai se casar, este banho é indicado para afastar o mau agouro, a inveja, as energias negativas. Faça um dia antes da data da cerimônia, da festa, ou seja, na véspera do evento.

O banho também pode ser feito antes de aniversários, formaturas e outras comemorações que possam atrair muita atenção para você.

**INGREDIENTES**
- Um punhado de arroz branco cru
- 2 litros de água

**COMO FAZER**

Macere bem o punhado de arroz branco cru na água. Quando ela ficar totalmente branca, coe a mistura. Leve a água ao fogo e deixe amornar. Banhe-se do pescoço para baixo depois de seu banho higiênico e durma sem enxaguar. Para atrair boas energias do universo, o casal deve orar o Salmo 111 e as demais pessoas o Salmo 90.

## Banho de carqueja: adeus, passado; seja bem-vindo, tempo presente!

A carqueja está relacionada ao poder oculto. A energia sutil dessa planta atua em nossos meridianos, em nossa alma, purificando os sentimentos, os pensamentos, as emoções passadas e também nosso campo espiritual.

Vamos buscar novos valores para nossa vida?
Posicionar-nos no tempo presente?
Esquecer aqueles sentimentos guardados no coração que fazem mal para a alma?
Aceitar novos sentimentos e desafios em nossa caminhada existencial?
Implantar novos projetos para nossa vida?
Seguir em frente com fé, determinação e responsabilidade?
Bora ser feliz e ativar nosso poder interior?
Sim, sim, sim!!!
Conte com a magia da Mãe Natureza: o banho de carqueja vai fazer você enxergar o quanto é bom viver no presente e que o passado não traz boas energias. O que você viveu deve ser guardado como uma forma de aprendizado. Quanto àquilo que não deu certo, aperfeiçoe e siga em frente sem medo de ser feliz, ok?

Para isso, prepare aos sábados um maravilhoso chá de carqueja. Deixe esfriar até ficar na temperatura ambiente. Banhe-se do pescoço para baixo após o banho higiênico. Durma com o banho. Tomar o chá de carqueja também é bom. A erva que sobrar da infusão pode ser jogada no lixo comum ou na natureza, conforme a sua preferência.

Abra seu coração para o novo e se sinta mais alegre diante da vida!

## Banho do esquecimento (para esquecer o ex)

Muitas vezes insistimos em um relacionamento que terminou, nos tornando obsessores vivos dos nossos ex. Não faça isso. Solte-se para o universo, parta para a próxima e se liberte das desilusões. Só assim você vai estar livre para receber a verdadeira e maravilhosa energia do amor.

Prepare o banho do esquecimento e inicie uma nova caminhada em sua vida amorosa. Que tal?

### INGREDIENTES
- 2 litros de água
- 36 pétalas e espinhos de rosas brancas
- 36 pétalas e espinhos de rosas amarelas
- 36 pétalas e espinhos de rosas vermelhas
- 36 cravos-da-índia
- 1 lenço

### COMO FAZER
Em uma sexta-feira, na hora de dormir, macere bem as pétalas de todas as rosas (cuidado com os espinhos) e os cravos-da-índia na água orando o Salmo 20 em voz alta. Ferva tudo por 3 minutos.

Deixe amornar. Coe e reserve o que sobrou dos ingredientes. Após seu banho higiênico, banhe-se da cabeça aos pés com o preparo. Não enxágue, apenas enxugue. Durma com o banho.

Quanto ao lenço, amarre-o na cabeça e durma com ele. Na manhã seguinte, pegue o que sobrou dos ingredientes e jogue em um jardim bem bonito e florido.

Salmo 20 (Bíblia Católica)
*"O Senhor te ouça no dia da angústia, o nome do Deus de Jacó te proteja. Envie-te socorro desde o seu santuário, e te sustenha desde Sião. Lembre-se de todas as tuas ofertas, e aceite os teus holocaustos. Conceda-te conforme ao teu coração, e cumpra todo o teu plano. Nós nos alegraremos pela tua salvação, e em nome do nosso Deus arvoraremos pendões; cumpra o Senhor todas as tuas petições. Agora sei que o Senhor salva o seu ungido; ele o ouvirá desde o seu santo céu, com a força salvadora da sua mão direita. Uns confiam em carros e outros em cavalos, mas nós faremos menção do nome do Senhor nosso Deus. Uns encurvam-se e caem, mas nós nos levantamos e estamos de pé. Salva-nos, Senhor; ouça-nos o rei quando clamarmos."*

# A LEI DA ATRAÇÃO

## 7 dicas para usar a Lei da Atração a seu favor (pode ser para ter amor, dinheiro...)

A maioria das pessoas que descobre a Lei da Atração se empolga e quer começar a praticá-la imediatamente, mas não tem uma melhora significativa na vida. É para desanimar com isso?

Claro que não! A Lei da Atração deve ser seguida diariamente, com disciplina, coragem, determinação e, sobretudo, fé em Deus e em si mesmo. Pense em atrair o que precisa! Paz, amor, dinheiro, saúde, harmonia... Estas dicas vão se tornar parte de sua vida:

**1.** Reserve sempre um tempo de seu dia para relaxar a mente, pelo menos de 5 a 15 minutos. Dessa forma, você vai ativar seu cérebro positivamente, deixando-o mais relaxado.

**2.** Acredite mais nos seus sonhos, pensamentos e ideias. Tenha certeza do que deseja.

**3.** Faça seus pedidos, seus desejos e os envie ao universo. É isso mesmo! O universo conspira sempre a nosso favor, desde que façamos nossa parte acreditando naquilo que desejamos alcançar. Portanto, dê força e poder aos seus pensamentos e desejos. Imagine-os já realizados!

**4.** Escreva seus desejos em um papel, mas antes disso agradeça por tudo o que você tem. Inicie sua escrita com um sentimento de gratidão e, depois, escreva seus desejos no tempo presente, como se você os já tivesse recebido. Faça assim: eu tenho um emprego assim e assim, eu tenho um companheiro maravilhoso, minha família vive em harmonia.

**5.** Use e abuse da sensibilidade. Sinta seus desejos em ação. Este passo é fundamental, pois você precisa estar conectado ao universo de forma intensa, positiva, com troca de energia e sentindo seus desejos já concretizados.

**6.** Agradeça novamente ao universo por tudo em sua vida. O sentimento da gratidão deverá estar presente de forma contínua em sua caminhada existencial. Por tudo e por todos, sinta-se mais feliz. Só assim o universo vai se manifestar em respostas intuitivas para o alcance de seus desejos.

**7.** Confie mais na sabedoria do universo. Para isso, a paciência é essencial. Jamais fique triste quando seu desejo não acontecer de forma imediata, pois tudo há de acontecer no momento certo e sábio da essência Divina.

Vamos lá! Atraia somente energias positivas para sua vida! Tentar não custa, certo?

# O PODER DO SAL GROSSO

## 10 coisas poderosas para fazer com o sal grosso

Saiba que esse maravilhoso mineral ajuda, e muito, a manter o equilíbrio energético de cada um de nós.

Você conhece os poderes do sal grosso? Já está cientificamente provado que esse mineral é extremamente benéfico para nossa vida por neutralizar as energias negativas. Ele é considerado um verdadeiro purificador de ambientes.

Os povos mais antigos já o usavam para combater o mau-olhado e afastar as energias nefastas de suas casas.

Alguns povos têm o costume de, ao mudar de casa, levar para a nova residência um copo de água e outro de sal grosso e deixá-los lá para purificar energeticamente o novo lar antes da entrada de sua família.

O profeta Maomé dizia: "Tudo começa e acaba com o sal".

Os antigos soldados romanos eram pagos com pedras de sal. De tão poderoso que era, tinha peso de ouro na época. Foi daí que se originou a palavra "salário".

E Jesus disse: "Sois o sal da terra".

Esse poderoso mineral, símbolo da pureza, jamais apodrece e não se corrompe. Quer saber como usufruir do sal grosso para trazer proteção e abundância para seu dia a dia? Confira estas 10 dicas especiais:

**1. Purificar sua aura e eliminar as energias negativas.** Em 2 litros de água (em temperatura ambiente), coloque 1 colher (sopa) de sal grosso. Misture bem e jogue do pescoço para baixo após seu banho higiênico. Durma sem enxaguar. Faça preferencialmente às segundas e sextas-feiras (no máximo duas vezes por semana).

**2. Energizar sua casa.** Uma vez por semana, coloque sal grosso nos ralos e em todos os buracos da casa. Com isso, você estará eliminando possíveis miasmas astrais e energias maléficas.

**3. Limpeza energética do ambiente.** Deixe um copo de água com sal grosso atrás da porta de entrada. Troque-o a cada 7 dias. Essa dica é maravilhosa, pois o sal grosso absorve todas as energias ruins do ambiente e das pessoas que frequentam a sua casa.

**4. Afastar pesadelos.** Coloque um saquinho de sal grosso na cabeceira e outro nos pés de sua cama. Troque os saquinhos uma vez por ano.

**5. Banho de salmoura** é benéfico para quem tem problemas com artrite, reumatismo, circulação, pois relaxa, elimina os miasmas e as almas trevosas dos seus pés. Basta preparar uma salmoura morna (água com sal grosso) e mergulhar os pés dentro. Sim, é o antigo escalda-pés! Escolha o dia de sua preferência e faça pelo menos uma vez por semana.

**6. Purificar os objetos mágicos de sua casa.** Para quem tem sino, fonte, pedras e outros elementos ligados à magia, é aconselhável lavá-los uma vez por mês com água e sal grosso.

**7. Eliminar todas as influências negativas de sua família.** Em uma segunda-feira, faça um círculo pequeno em sua sala com sal grosso (embaixo do sofá, por exemplo). Retire o sal na terça com uma vassoura e jogue no lixo.

**8. Para não atrair energias negativas ao visitar um hospital, ou ir a um velório ou a um cemitério.** Antes de sair de casa, pegue um punhado de sal grosso (pedras maiores) e coloque dentro dos bolsos da calça ou do sutiã, sempre nos dois lados. Ao chegar em casa, jogue o sal grosso no lixo.

**9. Eliminar as energias negativas de visitas indesejadas.** Quando a visita for embora, pegue um punhado de sal grosso e esfregue nos ombros de todas as pessoas de sua família (pode ser por cima da roupa mesmo).

**10. Eliminar as energias negativas das roupas de cama e das roupas brancas.** Lave-as com água e sal grosso e depois com anil. Isso é muito eficiente para eliminar as energias eletromagnéticas negativas presentes nas peças.

Seguir uma trilha de sal grosso em nosso dia a dia é perfeito para nos manter energizados e a salvo de energias maléficas.

Os cristais presentes no sal grosso têm o mesmo potencial de energia das ondas eletromagnéticas da cor lilás, sublime cor do universo espiritual, o que significa espiritualidade, poder da intuição, energia cósmica.

# DICAS RÁPIDAS: BOA ENERGIA E MAGIA SEM MIMIMI!

**Para ser respeitado por todos**
Use muita roupa na cor verde.

**Para conseguir emprego**
Pegue uma maçã com cabinho e enfie dois pregos na horizontal dentro dela (ambos os lados). Deixe a maçã em seu quarto até murchar. Depois desse período, coloque-a na natureza.

**Para ter uma casa sempre organizada**
Decore seu lar com orquídeas.

**Para eliminar os invejosos de sua vida**
Peça para sua mãe orar uma salve-rainha todos os dias para você.

**Para não comer demais**
Pinte sua cozinha na cor verde.

**Para uma criança aprender a falar rapidamente**
Dê banhos no pequeno com chá de boldo, da cabeça aos pés, todas as sextas-feiras.

**Para ter proteção espiritual**
Tenha um saquinho junto ao corpo ou no bolso com um galhinho de alecrim e uma folha de guiné.

**Para ter paz e harmonia em casa**
Ter um lírio-da-paz na sala e as brigas não passarão nem perto do seu lar!

**Para atrair bonança, prosperidade e alegria**
Tenha sempre 5 frutas diferentes em sua fruteira.

**Para os homens que buscam emprego**
Use gravata verde nas entrevistas.

**Para ter paz e saúde**
Use um anel com uma ametista.

**Para que as pessoas de sua casa tenham equilíbrio físico, mental e espiritual**
A Bíblia deve estar aberta no Salmo 119 e a matriarca deve orar esse Salmo todos os dias em voz alta.

**Para você que deseja um grande amor**
Ore o Salmo 111 às 21h15, Hora Universal do Amor.

**Para ter muito dinheiro em sua casa**
Prepare um chá de canela e passe em todo o chão em uma segunda-feira, de dentro para fora.

**Para melhorar a saúde de uma pessoa que tem depressão**
Pinte o quarto dela na cor lilás.

**Para quem quer casar**
Use roupas na cor salmão.

**Para recuperar a saúde de pessoas doentes**
Tenha sempre crisântemos brancos espalhado pela casa.

**Para ter muito dinheiro em casa**
Ferva por 3 minutos uma infusão de água com 1 colher (sopa) de canela em pó, 1 de alecrim e 1 de alpiste. Coe e passe na porta de entrada, dentro e fora.

**Para atrair o verdadeiro amor para a sua vida**
Todo dia 7, acenda uma vela branca para as Encantadas e faça o pedido.

**Para conquistar um companheiro**
Coloque em um pratinho branco uma pera e uma maçã vermelha, regue-as com mel e deixe tudo isso ao luar no primeiro dia da lua nova. No dia seguinte, deposite as frutas e o mel em um jardim bem bonito e florido.

**Para limpar a energia da inveja de sua casa**
Coloque uma faixa vermelha (na vertical) na entrada de casa, com aproximadamente 20 centímetros de largura, do teto ao chão.

**Para conseguir sua casa própria**
Vá à igreja de São José, uma vez a cada 3 meses, em uma segunda-feira, e ore 10 vezes o pai-nosso no altar dele.

**Para ter fartura**
Mantenha sempre em casa um pote com um pouco dos seguintes grãos: milho, arroz, lentilha e grão-de-bico.

# A ALQUIMIA DAS PLANTAS EM SUA VIDA

### Arruda e guiné
Tenha em casa um pé de arruda e um de guiné. Essas plantas vão transmutar positivamente a terrível energia da inveja em seu lar.

### Pimenta vermelha
Um pé de pimenta vermelha também é um poderoso escudo contra a inveja.

### Planta camarão-amarelo
Esta planta traz paz, tranquilidade, prosperidade e abundância para o ambiente. Ela ajuda as pessoas a ganharem dinheiro. Coloque uma na sala de casa ou no ambiente de trabalho.

### Limoeiro
Se puder, tenha um limoeiro na porta de casa, do lado esquerdo de quem entra, para se defender de vibrações negativas. O espaço não é problema, pois hoje em dia existem árvores frutíferas pequenas que podem ser cultivadas em vasos.

### Comigo-ninguém-pode
Tenha esta planta em casa, na sala, em um lugar alto, próximo da porta de entrada. Ela é essencial para afastar as energias de ódio, inveja e mau-olhado.

### Flores de cor lilás
Tenha flores de cor lilás em casa — violetas, por exemplo. Elas são excelentes para atrair a energia da organização. Quer dica melhor do que essa? Coloque a vida em ordem com a ajuda das flores!

### Dinheiro-em-penca
O nome desta planta já explica tudo: ela vai atrair muito dinheiro para a sua vida. Coloque na planta um pouco de miolo de pão de

centeio, regue-o com mel e acrescente 5 moedas douradas ao lado. Essa simpatia lhe trará a energia da abundância e da prosperidade.

## Girassol
Ter girassóis em casa também ajuda a atrair fartura para você e para sua família.

## Artemísia
Você tem insônia? Coloque uma folha de artemísia embaixo de seu travesseiro e durma como um anjo.

## Hortelã
Se você está sofrendo algum tipo de injustiça ou mesmo se enfrenta alguma questão judicial que se arrasta, faça esta simpatia: em uma quarta-feira, pegue 12 folhas de hortelã e macere-as em 2 litros de água morna. Depois de seu banho higiênico, jogue esse preparo do pescoço para baixo e durma sem enxaguar. Certamente a justiça virá para sua vida.

# PEQUENO GLOSSÁRIO DO ENCOSTO

**Aura:** todos os seres são revestidos por uma camada energética. No ser humano, essa camada se torna mais grosseira em virtude dos seus pensamentos. A aura é a energia em movimento que se expande no contorno do corpo, refletindo saúde, sentimentos, virtudes, vícios etc.

**Encosto:** aquele defuntinho básico que você não conhece mas que gruda em você.

**Encosto vivo:** aquela pessoa que pensa em você mais de 6 vezes por dia sem motivo algum. Pronto! Virou encosto vivo.

**Larvas astrais:** um resíduo de energia que se solta, ou melhor, se desprende das pessoas após a morte. São seres nada agradáveis: têm mau cheiro e estão ligados à "podridão", falando em português claro. As larvas astrais são extremamente tóxicas, ou seja, interferem em nossos pensamentos e sentimentos de maneira negativa. Elas são conhecidas também como parasitas e, muitas vezes, estão associadas aos famosos encostos. Imagine: um viciado morre e algo semelhante a um corpo astral se desprende do corpo dele, ainda mantendo seus contornos, mas aos poucos vai perdendo a capacidade de se autoconservar. Para prolongar sua existência, essa energia densa sai em busca do que lhe dava prazer quando estava viva em seu hospedeiro. Encontrando o perfil, ou seja, um viciado nas mesmas coisas que ela, vai se apegar à aura. E aí tudo se complica, pois as larvas astrais induzem cada vez mais a pessoa ao vício.

**Obsessor:** sabe aquele primo que você roubou? Ele morre e fica em cima de você. Ou aquele marido ou mulher que você traiu muito? A mesma coisa: a pessoa morre e encosta em você como obsessor. Isso pode acabar com sua vida.

**Pessoa frente fria:** só vê o lado ruim das coisas e o "copo meio vazio". E ainda tenta levar a gente para o buraco com ela! Veja bem: sabe quando a gente chega cheio de ânimo para um projeto e aparece aquele que só aponta defeitos e possibilidades de falhas? Essa é a pessoa frente fria. Fuja dela e não se torne uma! É o típico sujeito "quase": o coitado quase casou, quase conseguiu ser feliz, quase conseguiu vencer na vida. Atrai muito encosto.

# SABEDORIA DA MÁRCIA

• Evite chegar em casa embriagado. Você leva um monte de defunto bêbado para dentro de casa!

• Tem fantasma que não quer nem ficar perto de certas pessoas, pois elas estão piores do que ele!

• Uma pessoa que só reclama... ela tem encosto!

• Você vai a um lugar cheio de almas e não vai fechar o umbigo??? É a primeira coisa!

• Quem não organiza a vida não ganha dinheiro.

- Um mundo onde há caridade está em desequilíbrio. Vamos construir um mundo no qual há fraternidade, afinal caridade é sinal de que há gente pobre e gente rica; na fraternidade, todos são iguais. E é por isso que temos que lutar: para que todos no planeta tenham os mesmos direitos e possibilidades.

- Nova York pode ser maravilhosa, mas é cheia de fantasmas!

- Deus não vê só sua oração, Ele vê seu coração.

- Você está onde sua mente quer estar. Não reclame.

- Desligue o telefone na cara de frente fria. Ela vai te levar pro buraco!

- Deus não tem tempo de fazer a prova da OAB para você.

- Tá sem dinheiro, minha filha? Calcinha vermelha e "vamo que vamo"!

- Preto é uma proteção. Vai para a balada? Coloque roupa preta!

- Fim de relação? Jogue fora o colchão, o travesseiro! Não fique com nada!

- Não deu certo o primeiro casamento? Nada de desânimo! Parta para o segundo!

- Sorte não existe, meu amigo! Existe trabalho!

• Diferença de "eu te desejo" e "eu te amo": desejar é precisar de alguém, enquanto amar é querer ver essa pessoa feliz independentemente de qualquer coisa e mesmo sem ela estar a seu lado.

• Desfrute seus papais enquanto puder. Não adianta nada lamentar depois que eles forem para o cemitério!

• Entre os 28 e os 29 anos, no Retorno de Saturno, muita mulher enlouqueeeeece e quer casar!

- Continua aí reclamando da vida... Sabe pra onde isso vai te levar? PRO BU-RA-CO!

- Amor com amor se paga. Ódio também se paga com amor.

## Agradecimentos

Agradeço aos meus mentores de luz;

Aos meus filhos, Fabio e Marcelo,
que também são luz em minha vida;

Ao meu editor, Guilherme Samora;

Ao meu pai e à minha avó, pelo caminho;

À minha irmã;

À mamãe.

Este livro foi composto nas fontes Fairfield
e Fira Sans Condensed e impresso em papel
Pólen natural 80g/m² na Corprint.
São Paulo, Brasil, outubro de 2022.